个人信息保护法 与 日常生活

何渊◎主编

上海人民出版社

本书编委会

主　编　何　渊

成　员　李亚楠　魏雪颖　李　蒙　高禹婷　林洁琼

　　　　向凤密　李超鹏　吴蔼虹　张莹莹　何姝美

小林的一周

——聚焦39类场景的数据生活

中华人民共和国
个人信息保护法

星期一

滴滴出行

联系电话：139XXXXXXXX
出发地：XX路XX弄
目的地：XX路XX号
支付金额：39元
支付方式：微信/支付宝

TAXI

星期三

星期四

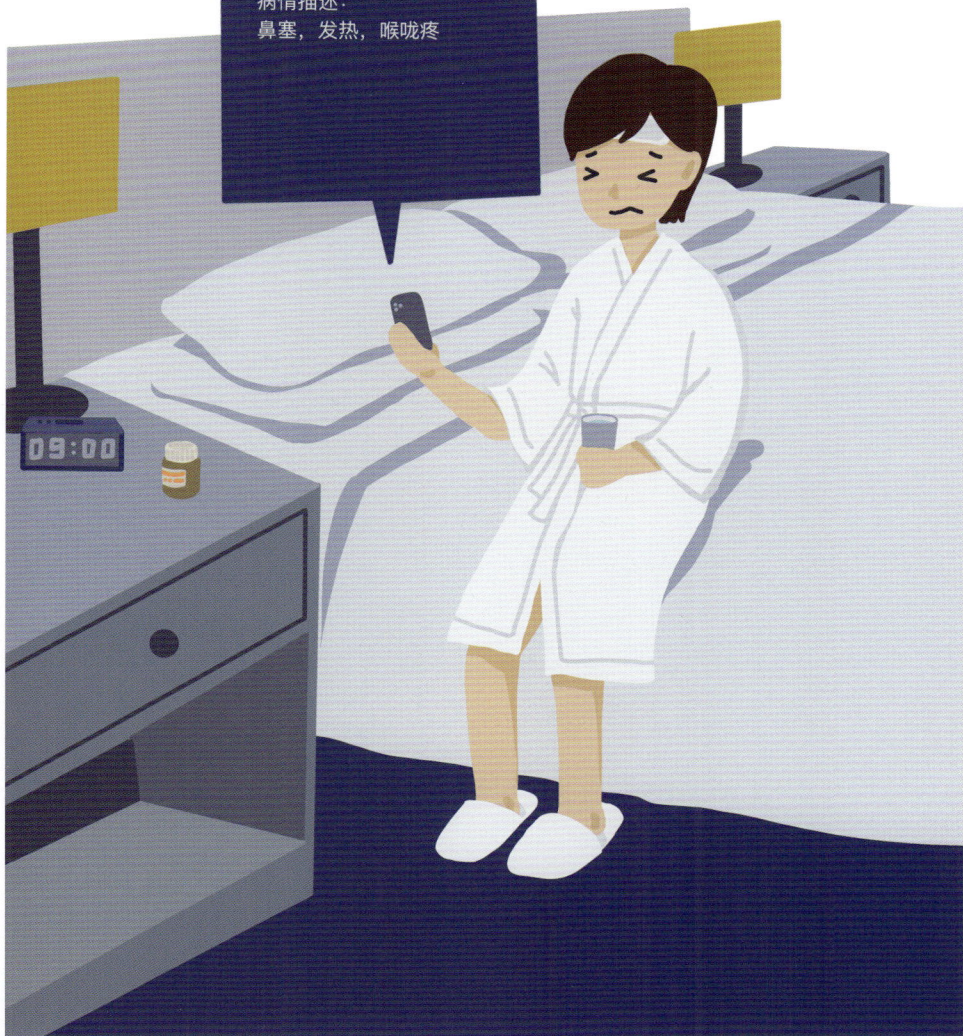

星期日

快递自助柜

顺丰速运

寄件人：林X
证件类型：身份证
证件号码：XXX
发货地址：XX路XX号
联系电话：139XXXXXXX
收件人：XX
收货地址：XX路XX号
联系电话：138XXXXXXX
物品名称：XXX
物品数量：1

主编序

——失去隐私和个人信息，我们就失去了做人的尊严和自由

有一个关于"选择"的著名故事——几个学生向苏格拉底请教人生意义，于是苏格拉底把他们带到果园，并让他们摘一个自认为最大最好的果子，同时要求不许走回头路，不许作第二次选择。等学生们穿过果园，苏格拉底询问他们是否"选择"到自己满意的果子？一个学生说，他刚走进果园时，就发现一个很大很好的果子，但他希望找到一个更大更好的果子，但直到果园尽头，才发现第一次看见的那个果子才是最大最好的；另外一个学生却说，他刚走进果园就摘了一个自认为是最大最好的果子，但后续却发现，果园中的更大更好的果子多的是。学生们显然都很失望，都希望能再获得"选择权"。苏格拉底拒绝了，他认为人生根本没有第二次选择的机会。

这个故事告诉我们，选择即自由，选择即权利。在数据法领域也是如此，对于我们每个人，一旦被剥夺了信息自决权，我们就失去了做人的尊严和自由。对于国家，只有真正拥有数据主权，对外的数据跨境能够自主可控，对内的数据调取能够拥有最终的决定权，我国才能参与甚至主导未来的国际数字贸易规则。

正如苹果公司CEO库克于2021年1月28日在虚拟计算机、隐私和数据保护会议上演讲中提到的那样，"一个由科技公司和数据经纪、假新闻的传播者和分裂的兜售者、只想赚快钱的追踪者和骗子组成的互联生态系统，比以往任何时候都更真实存在于我们的生活中……这不仅减损了我们的隐私性基本权利，还破坏了我们的社会结构"，在此基础上，库克进一步指出，"如果我们接受生活中的一切都可以被汇总和出售，并认为这是正常的、不可避免的，那么我们失去的将不仅仅是数据，我们失去了做人的自由。"

除此之外，另一个角度是把个人信息视为信息资本主义的核心要素，个人信息数据化和商品化的过程被定义为一个特殊的价值创造的经济过程，而且是存在信息剩余价值的不公平的生产过程。哈佛商学院教授肖沙娜·朱伯夫在其大作《监视资本主义时代》中，将我们的内心生活比作一个前殖民大陆，被追求利润的科技公司入侵并剥夺了个人信息，这就是所谓的"通过数据圈地实现准所有权"，并将"数据精炼厂"对个人信息的处理确定为数据剩余价值的生产过程。

于是，在大数据时代，我们每个人不再仅仅是消费者，非常讽刺的是，我们自身也成了"产品"。某些企业不仅免费使用我们的个人信息，而且还通过用户画像向我们精准营销，甚至在此基础上实施"大数据杀熟"。

面对上述难题，现行主流的解决方案大致有两种：第一种是人格权或尊严主义的方案，这也被我国《民法典》和《个人信息保护法》充分吸收和采纳。该方案通过法律的方式授予个人知情权、决定权、拒绝权、查阅复制权、更正补充权、删除权、要求解释说明权等人格性实体权利及申请受理机制等程序性权利，赋予个人形成信息自决权，使得个人真正能够对实质影响他们合法权益的个人信息收集行为说"不"。如针对大数据杀熟，我国《个人信息保护法》提供如下解决方案："一是明确处理个人信息应当遵循合法、正当、必要原则。二是规定处理个人信息应当具有明确、合理的目的，并应当与处理目的直接相关，采取对个人权益影响最小的方式。三是规定任何组织、个人不得非法收集、使用、加工、传输他人个人信息，不得非法买卖、提供或者公开他人个人信息。四是规定利用个人信息进行自动化决策，不得对个人在交易价格等交易条件上实行不合理的差别待遇。五是规定履行个人信息保护职责的部门应当组织对应用程序等个人信息保护情况进行测评、公布测评结果，对违法处理个人信息的应用程序，责令暂停或者终止提供服务。"

第二种是财产权或产权主义的方案。该方案认为仅仅赋予人格性权利是远远不够的，这依然无法解决个人信息数据化和商品化带来的不公平和信息剩余价值等问题，这需要通过数据确权赋予个人财产性权利，并实质性地规制信息生产过程以实现公平正义。根据 TechCrunch 报道，万维网创始人蒂姆·伯纳斯·李出于对数据助长日益严重的网络权力失衡的担忧，发布了一个名为 Solid 的隐私平台，意在把数据控制权真正交还给用户，让用户通过"个人在线数据存储"来控制他们的数据。用户决定谁可以访问他们的数据，应用程序必须请求用户许可，用户才能明确授予。又如近几年在全球兴起的"本人数据管理"（MyData），这是一种全新个人数据管理和商业模式，意在平衡个人信息保护和数据产业发展之间的关系。MyData 的核心思想是"我的数据我做主"，每个人都可以控制自己的数据，但也有权分享自身带来的数字红利。根据 FSC 官网信息，韩国是全球率先对 MyData 进行立法和推动商业落地的国家，韩国金融服务委员会于去年 12 月 22 日宣布向 21 家金融机构、金融科技企业和电子金融企业颁布 MyData 初步许可。

事实上，无论是尊严主义方案，还是产权主义方案，都是从个人主义的角度出发，以个人与企业的博弈为焦点，意在授予个人信息自决权，尤其是希望增强个人的选择能力，期待个人有实质意义上的选择能力。但非常遗憾的是，在大数据时代，单个个人并没有能力挑战科技巨头，更多的时候是妥协或者放弃。以作为全球数据立法典范的欧盟《通用数据保护条例》（GDPR）的两年实施情况为例，GDPR 并没有实质性提升或保护个人的数据权利，相反，高不可及的数据合规成本却大幅抬高了进入市场的门槛，限制了中小企业的竞争机会，最终却增加了科技巨头的数据垄断。

在这种背景下，第三种集体行动方案出现了，该方案强调以人为本和整体利益优先，将个人置于数据生产关系中理解其信息自决权，其产生的社会影响不能简单归结为个人主义的关切，也不能试图通过以个人为中心的方案来解决。相反，该方案主张，应当在国家现代化治理和整体利益优先的基础上实行信息自决权制度，将作为公共基础设施的大数据和算法作为公共事业来监管，强调实现更为公正的数据生产过程，强调为国家的整体福利发挥积极作用。微信、抖音等 App 使用算法对大数据进行排序，塑造我们如何获取信息，如何相互交流和感受彼此，塑造了我们数字公共领域的内容和特征。它们虽然都是私营公司，但其拥有的大数据和算法已经成为公共领域基础设施的一部分。根据德国《商报》(Handelsblatt) 的报道，德国社会民主党领袖安德里亚·纳勒斯主张建立一个国家数据信托基金，他把科技巨头比作制药公司，这些公司对他们的产品只享有有限的权利，以便更好地服务于公共利益。又如，根据 Smart City Hub 的报道，巴塞罗那建立了一个公民数据信托基金，用于管理数据公共池，从而使公民对收集哪些数据和用于哪些目的有更大的发言权，在其与科技公司的合同中也可以确保公民享有更多的数据权利，并利用其数据基础设施来深化公民的参与。

正是在个人信息侵权和数据安全风险日益严重的当下，本书认真描述了"小林的一周"数据生活，探讨了在地图导航、网络约车、即时通信、网络社区、网络支付、网上购物、餐饮外卖、邮件快递、交通票务、婚恋相亲、求职招聘、网络借贷、房屋租售、二手车交易、问诊挂号、旅游服务、酒店服务、网络游戏、学习教育、本地生活、女性健康、用车服务、投资理财、手机银行、邮箱云盘、远程会议、网络直播、在线影音、短视频、新闻资讯、运动健身、电子图书、拍摄美化及演出票务等 39 类场景之下可能遭遇的隐私风险，应当准确界定必要个人信息的收集范围，尤其应当限制企业超范围收集数据用于用户画像及精准广告。

本书还具体讨论了很多与我们每个人息息相关的有趣案例，如已公开的判决书、精准广告中的 Cookie、手机账号密码、考勤信息、历史车况信息、微信好友关系、观影记录等到底是否属于个人信息？快递公司泄露用户信息、利用他人身份证进行股东登记、房产中介未经同意传播房源信息、利用个人信息进行暴力催债、App 以朋友名义发送注册邀请信息、公开患者个人信息、餐厅强制扫码点单、免费 WiFi 收集个人信息，以及公开考试成绩等行为是否构成违法犯罪？

此外，本书还告诉我们如何行使个人信息权利以及如何进行侵权救济。如何读懂隐私政策？买机票时信息泄露被骗钱，损失找谁赔？房产中介泄露个人信息，找谁负责？银行未及时删除用户逾期贷款记录，如何维权？

在这里，我要特别感谢上海交通大学法学院数据法团队的各位同仁，他们分别是李亚楠、魏雪颖、李蒙、高禹婷、林洁琼、向凤密、李超鹏、吴蔼虹、张莹莹、何姝美等，在过去一年当中，他们不辞辛苦和无私奉献！我们一起通过对 38 个案例的分析和 18 个热点的论述，共同打磨了《个人信息保护法与日常生活》这本著作，期待这本"读者友好型"的小书能成为企业法务及合规人员、互联网从业者、律师，以及高校师生等数据合规共同体和普通读者的学习《个人信息保护法》的第一选择和必备工具！

毫无疑问的是，数据治理的黄金时代即将开启，随之而来的法律挑战也越来越大！我们必须回答好以下三个核心议题：如何平衡数据权利保护与数据流动？如何实现数据确权和利益分配机制？如何实现国际数据新秩序和竞争规则？ 2021 年对于数据治理来说是极其重要的一年，在这一年中我们有幸见证了《个人信息保护法》（2021 年 8 月 20 日通过，11 月 1 日生效）和《数据安全法》（2021 年 6 月 10 日通过，9 月 1 日生效）颁布实施的历史性时刻，并与已生效的《民法典》《网络安全法》以及《国家安全法》一起，共同构建了一个完整的中国数据治理框架。让我们一起期待数据合规蓝海的早日到来，让我们一起分享数字经济的时代红利！

何渊

2021 年 8 月 20 日凌晨

于上海数斋

目录 / Contents

第二部分 热点编

第一部分　案例编

1 网站转载公开的判决书，是否侵犯隐私？

　　梁女士曾与自己就职的公司因劳动争议发生诉讼，历经一审、二审和再审，法院均驳回了梁女士的诉讼请求，整个诉讼过程共产生了三份民事判决书。这三份民事判决书经法院公布于"中国裁判文书网"上，公布的判决书中梁女士的名字显示为"梁××"，其他诉讼当事人的信息未作技术处理。汇法网是国内的一家法律资讯信息网站，日更新法律法规、司法判决书案例库、合同数据库上万条，可以在各大搜索引擎中精准查询。汇法网转载了上述有关梁女士的三份裁判文书，梁女士认为，汇法网的转载行为侵犯了自己的个人信息和一般人格权，向法院提起诉讼，请求法院判令汇法网公开赔礼道歉，赔偿自己的经济损失和精神损害赔偿。

　　汇法网转载有关梁女士的裁判文书是否侵犯了梁女士的隐私或个人信息权益呢？首先，应该明确裁判文书中涉及的梁女士经技术处理过的姓名、性别以及民事纠纷是梁女士的个人信息还是隐私。个人信息权益与隐私权有交叉和重合之处，例如私密的个人信息则属于隐私权的客体。因此区分这两种概念应着重考察二者的界限，结合法律的认定标准、社会公众的普遍认知以及信息的具体运用场景综合判断。一般认为，个人信息的认定标准为具有"可识别性""关联性"，对于单独或结合其他信息可识别特定自然人的信息，都被纳入个人信息范围之内。虽然梁女士的名字在判决书中做了技术处理，但是在一定范围内，特别是在梁女士日常生活中熟识的人群中，这几个要素结合起来仍然能识别到梁女士个人，反映了梁女士的个人特征，属于个人信息。与个人信息在某些情况下可能被权利人主动积极使用的场景不同，个人隐私在客观上通常是不为人所知的，且权利人在主观上也不愿意让他人知晓。梁女士的民事纠纷信息，客观上已经成为公开裁判文书的一部分，非私密状态。虽然梁女士主观上具有将该信息作为隐私进行隐匿的意愿，但是其意愿并非基于该信息本身的私密性，而是出于该信息会影响其社会评价的担忧，而这种对社会评价的担忧并非隐私权所保护的范围。此外，与个人信息在一定情况下容许他人合理、正当地利用不同，隐私更加注重消极防御，他人完全不能公开和利用。梁女士对于民事纠纷信息泄露的担忧和可能造成的损害并非信息本身泄露所带来的，而是源于对超出范围和目的的公开以及可能非法滥用的可能的担忧。因此，梁女士的上述信息并不属于个人隐私中的私密信息，而应作为个人信息对待。

其次，需要考虑汇法网的收集手段是否违法。经法院查明，汇法网使用了通用的爬虫技术进行信息的收集，并未采用裁判文书网上明确禁止的"提供镜像技术"，因此其收集的信息并不违法。

再次，还需考察汇法网的利用方式是否正当。汇法网作为一家互联网公司，正是通过向公众提供司法文书的服务以获取流量，这种在当前数字经济背景下的商业化利用是维持数据利用和开发的驱动力和经济保障，商业化利用和利用行为是否正当之间并无必然联系。

最后，需要判断汇法网的转载行为是否构成了对梁女士个人信息权益的侵犯。这实际上涉及的是司法文书再利用的公共利益和社会经济利益，与个人信息权益的个人利益之间的衡量问题。从公共利益的角度考虑，人民法院审理案件，除法律规定的特别情况外，一律公开进行。裁判文书体现了法院从事实调查、法律适用到得出结论的全过程，因此裁判文书公开是审判公开的内在要求，有助于发挥公众的监督作用，提高司法公信力。并且，裁判文书公开之时已经考虑到了个人信息权益的保护，不仅在诉讼伊始就告知当事人法院会在互联网公布裁判文书的相关规则，并且在公布之时也会对当事人的相关个人信息做一定的技术处理。而从经济利益角度考虑，如果经司法公开的数据，社会其他主体不得再度转载、利用，则会使得上述数据被司法机关独家垄断，与司法数据公有、共享的理念冲突。而就梁女士的个人信息权益而言，梁女士主要担心的是自己的社会评价降低，这种社会评价不属于个人信息权益的范畴，而是属于广义的社会信用方面的利益。随着个人诚信体系制度的逐步建立和相关配套制度的不断完善，可通过其自身信用补救行为和相应社会信用修复机制来修复自己社会评价的减损。因此，在保护个人信息等人格权益的前提下，综合考虑有效协调合理利用个人信息、促进司法公开、促进数据流通和使用等多重目的，允许裁判文书的公开和再利用，合乎人格利益保护趋势和数字经济产业的发展趋势。

相关法律条文

《个人信息保护法》第 1 条：为了保护个人信息权益，规范个人信息处理活动，促进个人信息合理利用，根据宪法，制定本法。

2 未经允许在聊天群公布个人信息犯法吗？

阿兰与阿红都是某小区业委会成员，两人曾因小区的管理问题产生分歧。2020 年 8 月，阿红先后在业主聊天群内发布文章指责阿兰，并以转述他人话语的形式称呼阿兰为"下三滥"，还将阿兰用于办理业委会事务的身份证复印件翻拍，发至数百人的业主群中。复印件上留有阿兰笔迹，明确写道："仅用作于……不得另作他用。"阿兰认为，阿红以转述他人话语的形式称呼她"下三滥"等言论，侵犯了她的名誉权；同时，阿红擅自在业主聊天群内发布她的身份证信息，侵犯了其隐私权。为此，阿兰将微信聊天记录进行公证保全，并诉至法院。

　　未经允许在聊天群公布个人信息犯法吗？法院经审理认为，阿红在业主聊天群中使用"下三滥"一词，表面上看是转述他人评价，但实际上无法证明是他人对阿兰的评价。阿红对其进行转述，并指向阿兰，实质上已经构成了对阿兰名誉权的侵犯。同时，阿兰的身份证复印件完整地体现有姓名、出生日期、身份证号码、照片、住址等个人信息，虽上述信息在阿兰竞选业委会委员时已公开而不具有私密性，但仍属法律所保护的个人信息。且阿兰已在身份证复印件上注明"仅用作于……不得另作他用"，阿红公开阿兰身份证复印件的行为构成对阿兰个人信息的侵害。

　　据此，法院作出判决，阿红"转述评价"侵犯了阿兰的名誉权、公布阿兰身份证信息侵犯了其个人信息，要求阿红停止对阿兰的名誉权、个人信息的侵害行为，并在业主聊天群中以群公告的形式向阿兰赔礼道歉，内容须事先经双方协商一致或经法院审查确定。此外，阿红还须赔偿阿兰公证费等必要支出 2300 元。

　　《个人信息保护法》明文规定自然人的个人信息受法律保护，任何组织、个人不得侵害自然人的个人信息权益。随着信息技术的飞速发展，大数据在为人们衣食住行提供高效便捷的同时，也不可避免地造成个人信息和隐私安全上的隐患。如不当处理个人信息，轻则构成民事侵权、承担民事责任，重则可能触犯刑法、构成刑事犯罪。因此在无论是面对自己的、还是他人的个人信息时，都应当持谨慎态度。

相关法律条文　《个人信息保护法》第 2 条：自然人的个人信息受法律保护，任何组织、个人不得侵害自然人的个人信息权益。

3 精准广告中适用的 Cookie 技术是否侵犯用户隐私权？

　　小朱在用家中和单位的网络上网浏览相关网站过程中，发现在百度搜索栏中输入关键词"减肥"并进行相关搜索后，会在其他浏览的网站上出现"减肥瘦身、左旋咖啡"的广告，在广告左下角有一个"掌印"标识，会出现网址为 *http://wangmeng.baidu.com* 的网页，该网站系"百度网盟推广官方网站"。在浏览器"工具"的选项中删除了自己的浏览历史记录后，小朱又在百度搜索框中输入关键词"隆胸"，再进入另一网站中发现网页两侧会出现丰胸广告。据悉，在网站首页最下方的"使用百度前必读"中，百度通过"隐私权保护声明"链接告知了用户会使用 Cookie 技术为用户提供更周到的个性化服务，百度会向用户推送个性化的信息，用户可以通过个性化配置限制百度对 Cookie 的使用，并提供了"选择停用"的按钮。小朱认为，百度利用网络技术，没有经过自己的知情和选择，就记录和跟踪了她所搜索的关键词，将自己的兴趣爱好、生活学习工作情况暴露在相关网站上，并利用搜索的关键词对自己浏览的其他网页进行了广告投放，侵害了自己的隐私权。小朱对此感到郁闷、精神紧张，自己正常的工作生活受到干扰，遂诉至法院请求判令百度停止侵权行为并赔偿经济损失。

　　百度的个性化推荐行为是否侵犯朱某的隐私权呢？首先，百度在提供个性化推荐服务中主要运用的是 Cookie 技术。法院认为，这项技术所搜集到的包括搜索关键词在内的数据，并不能识别到网络用户的个人身份，具有匿名化的特征，即不能识别到小朱本人，数据所能识别的只是小朱进行搜索所使用的电脑。因此，小朱的检索关键词记录虽然反映了自己的网络活动轨迹及上网偏好，具有隐私属性，但这种活动轨迹和上网偏好一旦与用户身份相分离，便无法确定具体的信息归属主体，不再属于个人信息范畴。隐私权主要保护的是个人的生活安宁、私密空间、私密活动和私密信息，其中私密信息是指私密的个人信息。而小朱的搜索记录既然不是个人信息，更无法构成私密信息了。

其次，即使没有开展个性化推荐，合作网站也会在其网页上进行一般化推荐。个性化推荐服务客观上存在帮助网络用户过滤海量信息的便捷功能，并且也没有对外公开宣扬特定网络用户的网络活动轨迹及上网偏好，并非强制网络用户必须接受个性化推荐，百度为小朱提供了退出机制，并没有对小朱的生活安宁造成实质性损害。

最后，百度利用 Cookie 技术对小朱提供个性化推荐服务也没有侵犯小朱的选择权和知情权。百度在"使用百度前必读"中已经明确告知网络用户可以使用包括禁用 Cookie、清除 Cookie 获知、提供禁用按钮等方式阻止个性化推荐内容的展现，尊重了小朱的选择权。小朱也应该努力掌握互联网知识和实用技能，提高自我适应能力。因此，百度利用小朱的搜索记录对小朱进行个性化广告推荐的行为不构成侵犯隐私权。

在《个人信息保护法》生效后，个人信息定义明确为"以电子或者其他方式记录的与已识别或者可识别的自然人有关的各种信息，不包括匿名化处理后的信息"。该定义采用的直接识别与间接识别相结合的形式，使得"大部分 Cookie 信息属于个人信息"已与世界其他主要司法辖区的立法和执法实践基本达成共识，因此如相关企业行为违反了个人信息保护规则和体系，应依法承担相应的责任。但也应该认识到，经过多年的技术发展，Cookie 已经产生了诸多分支，不同种类的 Cookie 对个人隐私造成不同的影响，对个人的识别性也相应的有所不同。因此，即便 Cookie 信息因具有可识别性而从属于个人信息，但在个案中判断仍需根据具体的 Cookie 技术种类和使用场景、功能、收集的信息内容以及与个人、其他信息之间的关联性等因素综合判断。

> **相关法律条文**
>
> 《个人信息保护法》第 4 条：个人信息是以电子或者其他方式记录的与已识别或者可识别的自然人有关的各种信息，不包括匿名化处理后的信息。
>
> 个人信息的处理包括个人信息的收集、存储、使用、加工、传输、提供、公开、删除等。

4 手机账号密码为什么也属于个人信息？

小黄与小周在一个专门研究解锁苹果手机的 QQ 群中结识，小黄通过 QQ 号与小周联系，将从他人处获取的一批苹果手机机主的信息发送给了小周，这些信息包括机主的姓名、苹果账户服务标识符、苹果手机账户名称、机主所居住的城市、国籍、手机号码等与解锁账户相关的信息。小周收到上述信息后，再联系下家破解密码。破解密码后再将密码通过小黄向其上家反馈。不久后，两人被公安机关抓获。经司法检验，从小黄、小周的电脑主机、移动硬盘中的 txt 文档中分别提取到公民个人信息 141 条、1132 条。截至案发时，小周共解锁四十多台 iPhone 手机，非法所得 1300 余元。据小周交代，他一共知道三种解锁方法：第一种是建立一个钓鱼网站，冒充苹果手机的官方，给已经掌握的手机号发短信，引诱收信人登录短信上的钓鱼网站，从而取得苹果手机的账号和密码，达到给手机解锁的目的。第二种方法是利用 400 电话获取苹果手机的账号和密码。

第三种是利用密码重组的方法获取。检察院认为小黄、小周无视国家法律，向他人提供公民个人信息，情节严重，构成了侵犯公民个人信息罪，向法院提起公诉。

小黄、小周是否构成侵犯公民个人信息罪呢？根据我国《刑法》规定，违反国家有关规定，向他人出售或者提供公民个人信息，情节严重的，处三年以下有期徒刑或者拘役，并处或者单处罚金；情节特别严重的，处三年以上七年以下有期徒刑，并处罚金。因此，在本案中首先涉及的就是小黄和小周非法获取的苹果手机账号所有人的信息是否属于公民个人信息这一问题。苹果手机账号通常与账号所有人的邮箱和手机绑定，并不具有匿名性。当该账号与其他个人信息如手机号、机主的城市等结合时，可以识别到账号所有者本人。因此，苹果手机的账号属于个人信息。本案中的小黄、小周通过掌握苹果账号和账号所有人的其他信息进行密码破解，所得出的密码同样可以与账号等其他信息相结合后识别到机主本人，因此苹果手机账号的密码也属于个人信息。其次，小黄和小周违反国家有关规定，通过 QQ 群联系人以购买、收受、交换等方式获取了公民个人信息，构成以其他方法非法获取个人信息。最后，从情节严重程度考虑，小黄和小周非法获取、出售的可能影响苹果手机用户财产安全的公民个人信息的数量已经超过了 500 条，应当被认定为"情节严重"。因此，小黄和小周的行为已经构成了侵犯公民个人信息罪，最终触犯了《刑法》。

5 考勤信息属于个人信息吗？

乔先生是深圳市德宏厨卫有限公司的员工，自 2017 年 8 月 30 日开始，到 2018 年 4 月 30 日离职结束，他加入了深圳市德宏厨卫有限公司钉钉企业群，上下班期间使用钉钉打卡考勤。离职后的乔先生与深圳市德宏厨卫有限公司之间产生劳务合同关系纠纷，双方在诉讼过程中，需要乔先生提供双方之间存在劳务关系的相关证据。乔先生想要将钉钉上的考勤信息提交，作为证明自己曾经是公司员工的证据，并以考勤信息属于自己的个人信息为由，要求钉钉公司依法公开自己的考勤信息。但值得注意的问题是，《钉钉隐私权政策》约定，考勤信息属于企业数据，不属于个人信息。乔先生遂起诉至原审法院，请求法院判令钉钉公司公开深圳市德宏厨卫有限公司邀请乔先生加入公司钉钉的信息，从 2017 年 8 月 30 日起至 2018 年 4 月 30 日乔先生在深圳市德宏厨卫有限公司的钉钉考勤打卡信息，以及深圳市德宏厨卫有限公司的工商登记信息。

那么用户是否有权利要求查阅、公开个人考勤信息呢？判断这个问题的关键是判断软件上的考勤信息是否属于个人信息。法院认为，判断信息是否属于个人信息的标准在于，该信息能否直接或者与其他信息相结合后识别定位到特定个人。若该信息能够识别到特定个人，那么该信息就属于用户的个人信息。一旦信息进入到个人信息的范围，就受到《民法典》有关条款的保护，否则，该信息只能够作为非个人信息予以保护，而个人信息与非个人信息的保护力度是不同的。对考勤信息究竟能否属于个人信息，本案的二审法院未给出明确观点，本案中的一审法院有所论述。本案的一审法院则是依据双方对于《钉钉隐私权政策》相关条文的约定，认为依法成立的合同，对当事人具有法律约束力。法院认为，乔先生自愿注册为钉钉用户，同意接受《钉钉服务协议》《钉钉隐私权政策》，就说明乔先生、钉钉公司双方已就上述协议的适用形成合意，且上述协议并不违反国家法律、行政法规的强制性规定，属合法有效的合同，该合同内容对双方都具有法律上的约束力。《钉钉服务协议》《钉钉隐私权政策》中的相关条款中，双方约定考勤信息应当属于企业控制数据，认为其不属于个人信息，乔先生的主张也不属于《钉钉隐私权政策》中约定的共享、披露信息的例外情形，故乔先生要求钉钉公司向其提供在深圳市德宏厨卫有限公司工作期间的钉钉考勤信息等请求依据不足，原审法院没有予以支持。这样表明了目前法院对于考勤信息性质的态度——若依据现有法律难以判断该信息是否属于个人信息时，双方对信息归属的约定也是有效的。但《个人信息保护法》生效后，若个人信息的判断方式依据《个人信息保护法》第 4 条"关联性"判断方式，只要信息与特定自然人有关，就认定该信息属于用户个人信息，那么本案中的考勤信息性质就很好判断了。考勤信息来源于乔先生每日打卡，因而其属于乔先生的个人信息，自然就能够依据《个人信息保护法》予以保护。

6 历史车况信息属于个人信息吗？

　　查博士是一款由酷车易美公司开发、运营的 App，专门有偿提供二手车历史车况信息查询、车辆检测、汽车保修、二手车估价等服务。

　　2020 年 12 月，老余打算转卖自己的车辆，小张表示很感兴趣。老余在与小张磋商的过程中，得知小张用自己提供的机动车行驶证上所载的车架号，在查博士 App 上付费查询了车辆的历史车况信息，并获得了详细记录车辆的行驶数据、维保数据等信息的《历史车况报告》。老余认为《历史车况报告》综合反映了其本人驾驶特征、维保行踪、消费能力、消费习惯等，可间接识别自己的身份，属于他的个人信息及个人隐私。然而酷车易美公司在未经他同意的情况下，擅自有偿向小张提供上述信息的行为，侵犯了自己的个人信息及隐私，于是老余便诉至法院。

历史车况信息属于个人信息吗？法院观点认为，车况信息无法被认定为个人信息，原因主要包括以下几个方面：第一，从信息内容看，历史车况信息的内容没有出现身份信息、通信联系方式等能直接识别特定自然人的信息。其中的行驶数据、维保数据也未显示车辆维修保养机构的位置信息和维修保养的具体年月日，也不能以此识别出自然人的行踪轨迹。第二，从信息特征看，历史车况信息仅能反映所查车辆的使用情况，其内容既不涉及具体个人，也不用于评价具体个人的行为或状态，因此无法关联到车辆所有人等特定自然人。第三，从信息来源看，根据日常车辆使用经验，产生车况信息的主体除车主外，也可能是亲友、维修人员、保险人员等，因此无法通过车况信息精准识别到车辆的实际使用人是否为老余本人。第四，从信息重新结合识别特定自然人的成本看，将车况信息与其他信息结合识别特定自然人所需的技术门槛、经济成本、耗费时间等都较高，对于一般公众而言难以实现。因此，在车辆交易场景下，车况信息与其他信息结合进行关联识别的可能性较低，不能认定为个人信息。

2021年的政府工作报告提出，稳定增加汽车、家电等大宗消费，取消对二手车交易不合理的限制。目前，公开汽车维修保养信息是全球监管惯例，从国家宏观政策来看，我国对此亦持鼓励态度。

7　微信好友关系、读书信息属于个人信息吗？

小黄在使用微信读书时发现，微信读书竟然自动为他关注了大量的微信好友，而小黄却毫不知情。此外，无论小黄是否在微信读书中关注微信好友，他都可以和共同使用微信读书的微信好友相互查看读书信息，包括查看书架、正在阅读的书籍、读书时长等信息。

小黄认为腾讯侵害了他的个人信息权益及隐私权，于是起诉至法院。

微信好友关系、读书信息属于个人信息吗？根据相关法律规定，个人信息的核心特点为"可识别性"，既包括对个体身份的识别，也包括对个体特征的识别；对个体身份的识别确定信息主体"是谁"，对个体特征的识别确定信息主体"是什么样的人"，也就是说，该信息能够显现个人自然痕迹或社会痕迹，勾勒出个人人格形象。判断某项信息是否属于个人信息，应考虑以下两条路径：一是"识别"，即从信息到个人，由信息本身的特殊性识别出特定自然人；同时，识别个人的信息可以是单独的信息，也可以是信息组合。二是"关联"，即从个人到信息，如已知特定自然人，则在该特定自然人活动中产生的信息即为个人信息。符合上述两种情形之一的信息，即应判定为个人信息。

在该案中，腾讯获取小黄的信息包括昵称、头像、OPEN_ID以及共同使用微信读书的微信好友的OPEN_ID，从微信读书对上述信息组合的实际使用场景来看，微信读书准确向用户展示了共同使用该应用的微信好友的昵称、头像，实际上达到了识别性标准。所以，微信读书获取的好友列表包含了可以指向信息主体的网络身份标识信息，即"从信息到个人"；而微信好友列表体现了用户在微信上的联系人信息，属于"从个人到信息"，应认定为用户的个人信息。同理，微信读书中的读书信息包含了可以指向该信息主体的网络身份标识信息，即"从信息到个人"；读书信息，包括读书时长、最近阅读、书架、推荐书籍、读书想法等，能够反映阅读习惯、偏好等，符合"从个人到信息"的特征，也属于个人信息。

因此，法院认定微信读书在未经小黄有效同意的情况下获取其微信好友关系，并自动关注微信好友，还向共同使用微信读书的微信好友默认开放他的读书信息构成对个人信息权益的侵权。

8 观影记录是否属于个人信息?

　　吴律师是爱奇艺黄金会员,他在观看《庆余年》剧集时对于广告及会员权益设置感到不满。比如剧前需手动跳过"会员专属推荐"广告,"付费超前点播"服务则变相侵害了黄金VIP会员的"热剧抢先看"权益等。于是,吴律师将北京爱奇艺科技有限公司告上法庭。庭审中,爱奇艺提交了吴律师的登录记录和1197条观影记录作为证据,以证明自己"已尽合理的提请注意义务"。吴律师对此行为表示不满,他认为爱奇艺将他的观影记录拿出来当庭质证,侵犯了他的隐私权。后吴律师以"非法披露个人信息"等缘由将爱奇艺及其代理律所告上法庭,要求爱奇艺赔礼道歉,承担连带赔偿责任。2021年1月25日,该案被宣判,法院没有支持原告的诉讼请求。法院认为,被告爱奇艺为证明自己主张,将原告的观影记录等递交给法院,目的正当合法,且在不公开的庭前会议中展示,并未造成原告个人信息的不当泄露,所以不支持原告的诉讼请求。

　　那么爱奇艺将吴律师的观影记录在庭前会议中作为证据提交并展示给法院,是否属于非法泄露用户个人信息的行为呢?要解答这个问题,首先就需要判断观影记录是否属于吴律师的个人信息。

　　那么到底什么才是个人信息?观影记录属于用户的个人信息吗?我国法律对公民个人信息有两种定义:一是识别性定义:《民法典》第1034条规定将用户个人信息界定为以一定方式记录的,能够单独或者与其他信息结合识别到特定自然人的各种信息。二是关联性定义:《个人信息保护法》第4条将个人信息界定为以电子或者其他方式记录的与已识别或者可识别的自然人有关的各种信息,不包括匿名化处理后的信息。识别型定义强调信息是可以识别到个人的，而关联性定义旨在强调该信息是与特定自然人相关的信息。从识别性的角度出发，判断观影记录是否属于个人信息时，遵循从信息到个人的判断方式，如果观影记录单独或者与其他相关信息结合能够反映出吴律师的个人特征，从而能够识别到他本人时，该观影记录就属于个人信息。从关联性的定义出发来判断观影记录是否属于个人信息时，遵循的是从个人到信息的判断方式，只要该观影记录是与吴律师本人有关的，该观影记录就是他的个人信息，就受《个人信息保护法》的保护。如果他的观影记录被爱奇艺不当地泄露，他就可以依据《个人信息保护法》的相关规定来维护或者主张自己的个人信息权益。

> **相关法律条文**
>
> 《个人信息保护法》第 5 条：处理个人信息应当遵循合法、正当、必要和诚信原则，不得通过误导、欺诈、胁迫等方式处理个人信息。

9 快递公司泄露用户信息，如何维权？

2019 年 5 月 6 日，社保中心通过顺丰公司的快递业务向小邓邮寄 B 公司工作人员社保卡，后顺丰公司在未与收件人小邓联系确认收货地址的情况下，擅自根据系统识别结果，直接将收件地址更改为北京市大兴区某地址，而该地址系小邓当时的工作单位 A 公司的办公地址。顺丰公司派送员将该邮件送至 A 公司前台，在小邓未在场的情况下派送员拆开快件，并将快件交至 A 公司其他工作人员手中。

小邓自认其在 B 公司兼职，表示因顺丰公司私自将快件转址并私自拆开，导致快件内容被 A 公司其他工作人员及其直属领导知晓，

A公司认为小邓在其他公司兼职，违反公司管理制度，而将其辞退，且未给任何补偿。小邓认为，顺丰公司的行为侵犯其隐私权，导致其被公司辞退，其每月收入8000元，顺丰公司应赔偿其六个月的工资损失。

顺丰公司泄露信息的行为是否构成侵权行为呢？法院认为，判断是否构成侵权行为涉及三个关键问题：一是小邓的收件地址、在外兼职工作情况属于何种信息；二是顺丰公司在投递邮件的过程中是否泄露了小邓的上述信息并存在过错；三是顺丰公司应为其过错而泄露小邓的上述信息承担何种责任。

首先，法院认为小邓的收件地址、在外兼职信息与个人紧密关联且时常反映出个人的部分特征，具有识别性的意义。这种信息是否愿意被不特定的人识别并知悉，当由信息拥有者决定，因而上述信息与人格利益存在关联，从这个意义上分析，应当将小邓的收件地址和在外兼职的信息界定为个人信息。

其次，法院认为，小邓的隐私信息泄露与顺丰公司的行为之间具有因果关系。同时，法院认为顺丰公司的行为存在明显过错，具体表现在：其一，除了违反上文所述的邮件无法投递之处理的法律规范之外，顺丰公司在明知收件人电话且快递包装明确告知"禁止私自转址"的前提下，未经联系、允许，擅自修改收件地址的行为明显不当。其二，擅自修改收件地址并送达后，顺丰公司工作人员在未见到收件人本人的前提下，擅自拆开邮件并与非收件人进行内容核对，行为亦明显不当。以上两点就表明顺丰公司在不当泄露小邓的隐私信息这个行为上至少存在过失。

最后，法院认为，快递公司因过错泄露了小邓的个人隐私，应当就侵权行为所造成的损害后果承担侵权责任，最终结合了快递公司过错程度判决其赔付小邓10000元损失。

10 使用他人身份证进行股东登记，是否构成犯罪？

2013 年 8 月 1 日，赢聚公司在武汉市市场监督管理局进行名称、住所、法定代表人、实收资本、经营范围、董事会情况的变更登记。在此次变更登记中，刘先生被变更为被告赢聚公司的法定代表人及股东之一，占股权 85%，并被委任为执行董事、总经理。2018 年 8 月 18 日，因赢聚公司未履行生效法律文书确定的给付义务，法院作出限制消费令，对刘先生采取限制消费措施。

然而，刘先生根本不清楚自己已经被列为该公司的股东、执行董事。那么这究竟是怎么一回事呢，刘先生辗转调查后发现，并经过武汉市市场监督管理局在撤销登记处理决定书中证实，认定 2013 年 8 月 1 日赢聚公司在进行工商信息变更登记手续时，向该局提交的"刘先生"的居民身份证复印件是刘先生已向公安机关申报遗失的证件的复印件，不是合法有效的居民身份证复印件。公安机关经调查后还发现，在公司上述变更登记材料中"刘先生"的签名根本不是原告刘先生本人签署。赢聚公司提交虚假不真实的变更登记材料，采取欺骗手段取得变更登记，该局最终决定撤销被告赢聚公司 2013 年 8 月 1 日取得的公司变更登记的行政许可。

那么法院究竟是如何看待在他人不知情的情况下，利用他人的身份证信息将其登记为公司股东、法定代表人这种行为的？公民在这种不知情的情况下被登记成为公司的股东，当公司经营出现问题的情况下，法院还会判决强制执行吗？首先，法院认为，依照《最高人民法院最高人民检察院公安部关于依法惩处侵害公民个人信息犯罪活动的通知》的相关规定，侵害公民个人信息犯罪是新型犯罪，各级公安机关、人民检察院、人民法院要从切实保护公民个人信息安全和维护社会和谐稳定的高度，借鉴以往的成功判例，综合考虑出售、非法提供或非法获取个人信息的次数、数量、手段和牟利数额、造成的损害后果等因素，依法加大打击力度，确保取得良好的法律效果和社会效果。

对于在履行职责或者提供服务过程中，将获得的公民个人信息出售或者非法提供给他人，被他人用以实施犯罪，造成受害人人身伤害或者死亡，或者造成重大经济损失、恶劣社会影响的，或者出售、非法提供公民个人信息数量较大，或者违法所得数额较大的，均应当依法以非法出售、非法提供公民个人信息罪追究刑事责任。对于窃取或者以购买等方法非法获取公民个人信息数量较大，或者违法所得数额较大，或者造成其他严重后果的，应当依法以非法获取公民个人信息罪追究刑事责任。对使用非法获取的个人信息，实施其他犯罪行为，构成数罪的，应当依法予以并罚。单位实施侵害公民个人信息罪的，应当追究直接负责的主管人员和其他直接责任人员的刑事责任。要依法加大对财产刑的适用力度，剥夺犯罪分子非法获利和再次犯罪的资本。

法院认为，本案中的被告等人可能通过非法获取原告刘先生身份证等个人信息的方式，伪造原告刘先生的签名，在工商管理部门恶意将原告刘先生登记为被告赢聚公司的法定代表人、股东，最终导致原告刘先生作为该公司的法定代表人被人民法院采取限制消费措施，并对原告刘先生自己经营的公司产生了负面影响。根据我国《刑法》及相关规定，被告可能涉嫌犯罪，原告刘先生申请将本案移送公安机关，相关犯罪事实需要通过刑事侦查程序查明。本案最终被决定以刑事案件处理，并将有关材料移送公安机关。

相关
法律条文
《个人信息保护法》第 6 条：处理个人信息应当具有明确、合理的目的，并应当与处理目的直接相关，采取对个人权益影响最小的方式。

收集个人信息，应当限于实现处理目的的最小范围，不得过度收集个人信息。

11 房产中介未经同意传播房源信息是否构成犯罪？

2016 年 1 月至 2017 年 10 月期间，小柯创建了房利帮网并进行经营管理，该网站主要通过房产中介人员，有偿获取上海市二手房出租、出售房源信息，或者安排公司员工从微信群、其他网站等获取部分房源信息，在核实信息的准确性后，将房源信息以会员套餐方式提供给房利帮网站会员付费查询使用，小柯以此获利。在整个过程中，房产中介人员向房利帮网站上传的房源信息未事先取得信息权利人即房东的同意及授权，小柯在获取房源信息时也未对信息的合法性进行审查。此外，小柯在安排公司员工通过电话向房东核实信息过程时，存在冒充其他中介（包括知名中介）的身份进行核实的情况，公司员工未如实告知房利帮网站的真实身份及使用信息的方式、目的等并取得房东的同意、授权。至案发，小柯共获取房源信息 30 余万条，并通过收取会员套餐费方式获利 150 余万元。

该案中，涉案房源信息包含房东联系方式、具体房产地址、门牌号码等信息，且部分房源信息包含房东姓名或姓氏，能够单独或者与其他信息结合识别特定自然人身份，属于公民个人信息。涉案房源信息由房东挂牌至房产中介门店，该信息意在仅向特定范围公开，或即使通过公开网站发布，也只公开其中非重要、敏感的信息，并且房东公开的目的仅为促成房产交易。因此，房源信息不属于向社会公开的信息。

小柯的行为是否构成违法犯罪？首先，小柯的行为侵犯了房东的公民个人信息权利。房源信息经房利帮网站发布后，导致房东的房源信息由在特定范围公开转变为向全社会公开，由公开非重要、敏感信息转变为公开全部隐私信息，侵害了房东的隐私及生活安宁，极易被不法分子利用从而造成房东相关人身、财产权益受到侵害。其次，小柯的行为未经房东授权、同意，未尽审查义务。房利帮网站作为网络运营者，应对获取的房源信息合法性进行审查，但其未尽审查义务，并在核实房源信息时冒充其他房产中介身份欺骗房东，在未取得房东授权、同意的情况下将房源信息对外出售。最后，小柯的行为本质上属于非法买卖房源信息牟利行为。房利帮网站并非专业房产中介机构，且获取房源信息并非为了促进房产交易，而系将房源信息作为商品用于出售牟利，与房东发布房源信息的目的相悖。因此，小柯在未取得信息权利人同意及授权的前提下，在网站上公开房源信息，使信息陷入失控及泄露风险，并从中获取巨额违法所得，其行为违反国家规定，侵犯公民个人信息权利，应当以侵犯公民个人信息罪追究刑事责任。

12 利用个人信息进行暴力催债，为什么构成犯罪？

当今互联网行业的高速发展让想放贷的老陈也盯上了互联网这一平台，老陈就在"借贷宝""今借到"等借款平台进行放贷。放贷的时候，老陈要求借款人提供身份证、通讯录、通话记录、支付宝芝麻信用积分等公民个人信息作为放贷条件。他将这些个人信息发送给自己组织成立的催收工作室，由催收人员借用移动电话机、"呼死你"等电子设备，对逾期未还款借款人及其通讯录联系人分别多次进行辱骂、恐吓，发送编辑有借款人本人照片的淫秽、侮辱文字图片进行"软暴力"催收，这样的行为严重影响他人的工作、生活。

老陈的行为是否属于侵犯个人信息罪？《刑法》第 253 条规定的侵犯个人信息罪有两种行为模式：一是违反国家有关规定，向他人出售或提供公民个人信息的行为；二是指窃取或者以其他的方法非法获取公民个人信息的行为。在该案中，老陈并没有出售借款者的个人信息，他将个人信息在内部组织中进行使用的行为也不构成向他人提供个人信息，老陈的行为不构成第一种行为模式。针对第二种行为模式，"窃取"是指采用秘密的或者不为人知的方法取得他人个人信息的行为，老陈取得的个人信息是借款者提供的，不存在窃取行为。因此，要认定老陈是否构成侵犯个人信息罪关键在于判定老陈的行为是否属于"以其他方法非法获取公民个人信息"。

"以其他方法非法获取"是指"窃取"以外的其他方法，如通过收买、欺骗等方法非法获取公民个人信息。此案中老陈认为其获取通讯录的行为系借款人自愿，并不违反法律，不存在以非法方式获取个人信息。法院却认为，"老陈获取借款人通讯录虽是借款人提供，但并未征得通讯录所对应的公民个人的许可"。也就是说，此处的"非法"并不是指违反法律的禁止性规定，而是看获取行为是否具有获取个人信息的法律依据或者资格，即应当判断老陈获取借款者通讯录对应的公民个人信息的行为有没有合法的依据。根据《个人信息保护法》第 6 条规定，处理个人信息应当具有明确、合理的目的，并应当与处理目的直接相关，采取对个人权益影响最小的方式。老陈在收集借款人通讯录的时候表明收集信息是用于个人征信审核才让借款人自愿提交了通讯录等信息，没有明确该信息是用于催收债务。如果没有明示，却在收集后用于该用途，那么老陈获取借款人通讯录的行为就没有正当性基础，也可以被认定为非法获取公民个人信息。

> **相关法律条文**
>
> 《个人信息保护法》第7条：处理个人信息应当遵循公开、透明原则，公开个人信息处理规则，明示处理的目的、方式和范围。

13 个人信息收集告知，你读得懂吗？

2018年5月，欧盟《通用数据保护条例》（以下简称GDPR）开始生效，该部法律是欧盟成员国都需要适用的。在生效当月，法国数据保护机关就收到了来自两个非营利组织分别提起的针对谷歌违反GDPR的集体诉讼。经过数月的调查，法国数据保护机关于2019年1月对谷歌处以5000万欧元的罚款，谷歌由此成为该法律生效后首个被处罚的美国科技巨头，也成为当时针对违反GDPR的最大一笔罚款。

那么，谷歌到底怎么违反了GDPR呢？

首先，GDPR规定企业在收集用户个人信息时，应当以简明、易于获取的方式，并以清晰的语言向用户说明收集、处理其个人信息的目的、存储期限等相关情况。该案中，法国监管机构国家信息与自由委员会（简称CNIL）认为谷歌对安卓系统收集个人信息的说明，过于分散地存在于多个文件（如隐私政策、使用条款等）中，对于一般用户而言很难找到。因此用户无法简便地获取全部的相关信息，更无法充分了解其个人信息被谷歌处理的具体后果。而谷歌又实际上对这些收集的个人信息进行了处理（比如精准的广告投送），这显然侵犯了用户的权利。

其次，根据 GDPR 的规定，个人信息的处理应当具有合法性，其中包括用户的"有效"同意。该案中，CNIL 认为谷歌为"个性化广告服务"之目的处理个人信息并没有取得用户的有效同意，因而不具有合法性基础。如前所述，谷歌对其个人信息收集、使用的说明信息不仅不易获取，而且也不够清晰、完整。同时，用户无法从谷歌的说明信息中获知其个人信息将被用于提供何种个性化广告服务。据此，CNIL 认为，即使用户对于个人信息处理作出了同意，这种同意由于是在"不充分知情"的情况下作出的，所以不是"有效同意"，不能作为收集、处理个人信息的合法性基础。

最后，CNIL 认为，在取得用户同意时，应当就具体的处理目的，分别取得用户的同意。而在该案中，尽管谷歌的用户个人页面中有"更多选项"的按钮，用户可以点击进入，以更改关于个性化广告的相关设置，但这些选项是默认勾选的，这意味着用户并没有通过主动的勾选行为，对将其个人信息用于个性化广告这一事项作出专门的同意。此外，如果用户不希望将其个人信息用于个性化广告范围，也需要先整体同意谷歌的用户协议（其中包含若干同意收集、处理个人信息的条款），然后在获得谷歌账号之后另行更改相关设置。这实际上导致用户为使用某种产品或服务，必须先"打包"接受谷歌所有的个人信息处理行为。对此，CNIL 认为，谷歌用户对个性化广告服务作出的同意，实际上多为"无奈之举"，并非用户针对具体个人信息处理行为自由作出的明确同意，因而不能作为个人信息处理的合法依据。

我国《个人信息保护法》也要求企业明示个人信息处理规则，即企业需将个人信息处理过程中可能涉及的收集、存储、使用、加工、传输、提供、公开等各种规则告知用户，比如在注册使用 App时，作为用户会收到 App 提供的用户注册协议和隐私政策。知情应当是同意的前提，但由于以下原因，我国消费者个人信息的权益保护尚须进一步落到实处：第一，广大互联网用户对于个人信息被收集应当知情的意识有待提升，现实中很多人可能都懒得读用户注册协议和隐私政策；第二，许多 App 对于公民个人信息收集的提示分布在主页、用户注册协议和隐私政策中，用户想读也未必找得到；第三，各大 App 一般提供的用户注册协议和隐私政策都十分冗长，用户想读也未必读得懂；第四，即使用户事实上了解可能存在的风险，但商家在用户注册时处于优势地位（如果用户不同意，便令其无法使用该软件），因此用户除了同意以外别无他法。逐渐地，用户知情与否似乎变得无关紧要，因此必须对这种情况予以规制，积极贯彻落实对个人信息的保护，保护消费者或平台用户免受不法侵害。

> **相关法律条文**
>
> 《个人信息保护法》第9条：个人信息处理者应当对其个人信息处理活动负责，并采取必要措施保障所处理的个人信息的安全。

14 买机票时信息泄露被骗钱，损失找谁赔？

2018年7月27日，付先生委托同事梁先生从美团手机客户端（以下简称美团）订购了2018年7月30日上午10:30从张家口宁远机场飞往上海浦东机场的MU2176航班的机票。7月29日，梁先生收到短信，内容为："尊敬的付先生，您预订7月30日航班号：MU2176，航程：张家口——上海浦东，因起落架系统故障已被取消，请您及时联系客服（021-31123460）办理退票／改签。（注：每位旅客将补偿延误费300元，改签需收取20元工本费）【东方航空】。"梁先生看到航班消息与预订机票信息完全吻合，将短信内容转发付先生。付先生看到短信后非常着急，因第二天已跟上海客户约好商谈合同，航班突然取消让其不知所措，便拨打了短信里的固定电话。对方冒充东方航空公司工作人员，让付先生提供了身份证号、手机号、银行卡等信息，并告知该预订航班确实因起落架故障取消，建议退票或改签，且称为防止客户收到退票款后不认账，需要知道其银行卡余额。付先生按照其指导操作退票手续，却被诈骗22400元。后来，付先生报警，但款项已分四笔从海南某银行的自动柜员机被取走。

美团是否应承担侵权责任？应从涉案信息是否属于法律保护的个人信息、负有安全保护义务的主体、保护义务的具体内容、原告遭受损害的事实、未尽到安全保护义务与损害事实之间的因果关系、相应义务主体是否存在过错与责任范围等方面来考虑。付先生在美团App上订票所产生信息（乘机人姓名、乘机时间、航班信息、起落地点、电话等）的结合能够看出付先生具体的乘机行程安排，明显区别于其他信息主体，具有高度的识别性，属于个人信息。而美团作为网络服务的提供者，根据《网络安全法》的规定，应当采取技术措施和其他必要措施以确保收集的个人信息安全。但在该案中，尽管美团证明自己采取了一定技术措施，如将可识别的信息去标识化处理，但对内部安全管理制度和操作规程、具体访问涉案信息的授权规则等并未清楚、准确地说明。并且，在购票后系统自动发送的风险提示短信完整包含了涉案信息，并未进行去标识化处理，并且相关记录还会继续留存在美团平台的数据库中再次访问。即便可能是由于第三方如航空公司泄露，美团在向第三方提供信息的过程中仍应该遵循合法、正当、必要原则，采用技术手段对信息进行去标识化处理，并且相对于提供个人信息的个人，其更有能力通过完善经营模式或协议安排来分散风险和分担责任。尽管美团主观上认为已采取的措施能够避免信息泄露的发生，但事实证明其并未尽到安全保护义务，因此美团存在过失，应对付先生的财产损失承担赔偿责任。

在赔偿范围上，一方面考虑到法律要求普通公民个体负有过重的审慎义务是脱离社会生活实际的，并且从促进社会经济发展的角度考虑，应当对交易中的合理信赖进行保护；另一方面考虑到美团在购票后已发送风险提示的短信，付先生负有必要的安全注意义务，在进行银行转账等重要的财产处分时，其自身的疏忽也是损失发生的重要因素，最终法院判决美团承担 50% 的赔偿责任。

15 网络运营者对用户的个人信息负有怎样的安全保障义务？

申先生通过携程 App 平台订购机票之后却收到了航班取消退费短信。骗子有申先生详尽的个人资料，骗取了申先生的信任，引导申先生使用支付宝亲密付功能消费及进行工商银行网上银行转账，申先生一天内就将 10 余万元转账到骗子账户。发现被骗后，申先生将携程公司告上法院，他认为携程公司未尽到安全保障义务，导致其身份信息及订票信息泄露，使得诈骗分子能够依此获取其信任，导致损失发生，携程公司在安全措施上存在重大疏漏，其基于携程公司违反安全保障义务要求携程公司承担相应的赔偿责任。

《个人信息保护法》第 9 条规定个人信息处理者应当采取必要措施保障个人信息的安全。而网络运营者对用户的个人信息为什么负有安全保障义务呢？安全保障义务来源于《民法典》的侵权责任编第 1198 条规定的，经营场所、公共场所的组织者和管理者的安全保障义务。原因在于组织者和管理者对于相关的场所具有控制力，可以维护其安全。此外，组织者和管理者从这些场所的运营中获利，根据收益与风险相一致的原则，他们应当对于场所的安保负责。同样，对于网络运营者来说，他们在获取了个人信息之后对于个人信息进行使用、储存，对于个人信息具有很强的控制力，可以采取措施保障个人信息的安全。个人信息作为网络运营者的数据资产，可以形成大数据分析、广告投放等多种营利方式，网络运营者因为处理个人信息牟利，也应当相应地履行安全保障义务。

网络运营者对于个人信息负有什么样的安全保障义务呢？《网络安全法》在分则章节中进一步细化了网络运营者对于个人信息的具体安全保障义务，包括建立健全内部安全管理制度和操作规程，确定网络安全负责人；采取技术措施和其他必要措施，确保其收集的个人信息安全，防止信息泄露、毁损、丢失等。除此之外，网络运营者属于个人信息处理者，《个人信息保护法》第51条从技术和组织层面规定了个人信息处理者为保护个人信息应当履行的各种义务包括制定内部管理制度和操作规程、对个人信息实行分类管理、加密、去标识化等技术措施等。因此，网络运营者应当根据不同级别的个人信息，采取不同程度的安全保障措施。而法院对于网络运营是否履行安全保障义务的判断，也会根据具体案件采取不同的判断标准，关键在于网络安全运营者能否向法院证明自己采取了足够的安全保障义务。首先，在此案中携程公司提交的《2018年敏感信息管理规则》显示，订单信息属于一级信息，内部传输可不加密，因此，携程公司对于订单信息并没有采取足够的技术措施保障其安全。其次，携程公司未向法庭提供内部员工授权进行访问涉案订单的人员范围、访问敏感信息的授权记录、监控情况、操作记录、内外部传输审批情况的相关证据，也就是说携程公司并没有针对个人信息保护采取相应的内部安全管理制度。最后，携程公司的应用界面及短信确认内容中也没有充分明显地提醒或告知消费者防止航班信息被诈骗，携程公司并没有对于用户尽到足够的提示义务。因此，法院认为携程公司在信息安全管理的落实方面存在漏洞，未尽到对个人信息的保管及防止泄露的义务，具有过错，应承担侵权责任。由此可见，网络运营者除了应当采取足够的安全保障义务保护用户个人信息外，还应当注意留存相应的证据以证明自己确实履行了义务。

16 公开患者个人信息属于合法行为吗？

2021年1月，杭州市某医院感染科医师林某将包含一例境外输入复阳无症状感染者个人信息的流调报告转发至微信群，致使该患者隐私在互联网上大面积扩散。林某因严重侵犯个人隐私，被给予行政拘留5日的处罚。

《民法典》第111条规定，自然人的个人信息受法律保护。任何组织或者个人需要获取他人个人信息的，应当依法取得并确保信息安全，不得非法收集、使用、加工、传输他人个人信息，不得非法买卖、提供或者公开他人个人信息。《网络安全法》第44条规定："任何个人和组织不得窃取或者以其他非法方式获取个人信息，不得非法出售或者非法向他人提供个人信息。"《传染病防治法》第12条规定："疾病预防控制机构、医疗机构不得泄露涉及个人隐私的有关信息、资料。"第69条规定："医疗机构故意泄露传染病病人、病原携带者、疑似传染病病人、密切接触者涉及个人隐私的有关信息、资料的，依法予以处罚。"此外，《刑法》《互联网信息服务管理办法》《电信和互联网用户个人信息保护规定》和《电信条例》等都有涉及公民个人信息保护的规定。

疫情患者个人信息可否公开？疫情防控中，个人信息的处理仍然需要合法性基础。这意味着，并非任何人、组织、机构均有权以抗击新冠肺炎的名义处理个人信息，而应当考虑个人信息的处理行为是否有法律法规的规定或授权，或者是否合法地征求相应个人的同意。在学理上以及他国的实践中，对于传染病等涉及公共健康、安全的个人敏感信息，有同意的豁免制度，但仍然会强调"同意的难以获取或不切实际""为了保障公共健康所必须进行的处理活动"。在疫情防控中，《传染病防治法》依据"特别法优于一般法"原则，优先于《民法典》

《网络安全法》适用。《传染病防治法》第12条规定："在中华人民共和国领域内的一切单位和个人，必须接受疾病预防控制机构、医疗机构有关传染病的调查、检验、采集样本、隔离治疗等预防、控制措施，如实提供有关情况。但该条同时规定，疾病预防控制机构、医疗机构不得泄露涉及个人隐私的有关信息、资料。"这表明，即使是在疫情防控的特殊时期，保护个人信息的法律规定也并未宣告失效，突破法律对于个人信息保护的规定，仍然会被追究法律责任。

在疫情防控背景下，出于维护社会公共利益的需要，法律对个人信息的收集、处理作出例外规定，已经是对个人信息保护的一种折中和调和。正因为是折中和调和，更应严格把握个人信息收集、处理的限度，实现疫情信息处理与个人信息保护的平衡。

相关法律条文

《个人信息保护法》第13条：符合下列情形之一的，个人信息处理者方可处理个人信息：

（一）取得个人的同意；

（二）为订立、履行个人作为一方当事人的合同所必需，或者按照依法制定的劳动规章制度和依法签订的集体合同实施人力资源管理所必需；

（三）为履行法定职责或者法定义务所必需；

（四）为应对突发公共卫生事件，或者紧急情况下为保护自然人的生命健康和财产安全所必需；

（五）为公共利益实施新闻报道、舆论监督等行为，在合理的范围内处理个人信息；

（六）依照本法规定在合理的范围内处理个人自行公开或者其他已经合法公开的个人信息；

（七）法律、行政法规规定的其他情形。

依照本法其他有关规定，处理个人信息应当取得个人同意，但是有前款第二项至第七项规定情形的，不需取得个人同意。

17 网站擅自保存用户身份认证信息是否构成犯罪？

　　沈先生注册了一家网站，主营业务为个人身份认证。所谓的个人身份认证就是在运营的网站上，用户输入姓名、身份证号码、照片请求进行同一认证并进行付费。之后，该网站可以将输入的数据在该网站数据库中进行查询、比对得出输入身份证号是否与姓名一致等信息。由于沈先生创建的网站数据库并不完备，他与其他四家公司合作，通过接口，让用户的信息同样可以在其他四家公司的数据库进行查询，得出姓名、身份证号、照片是否一致的结论。如果结论一致，为了获得更多数据，沈先生将用户查询输入的身份信息以缓存的方式编写建成数据库放入公司的服务器中。该案被法院判定为侵犯公民个人信息罪。

　　沈先生主要实行了哪些处理个人信息的行为？《个人信息保护法》第 4 条规定了"个人信息的处理包括个人信息的收集、存储、使用、加工、传输、提供、公开、删除等"。在该案中，用户为了进行身份验证，自行输入了个人信息。而沈先生为了将该数据与数据库的数据进行比对，收集了用户输入的信息；进行数据比对的时候，使用了用户个人信息；在比对完成和向用户反馈后，沈先生将缓存的个人信息编写进自己的数据库，进行数据存储。

　　沈先生的个人信息处理行为都合法吗？判定沈先生对于个人信息的处理是否合法关键看沈先生是否有正当的理由处理个人信息。《网络安全法》第 41 条将个人信息主体的同意作为个人信息处理的唯一合法性基础，也就是说只有取得用户同意个人信息处理者才可以处理个人信息。《民法典》第 1035 条、1036 条和第 999 条规定了同意原则的三个例外，包括法律、行政法规另有规定的；为维护公共利益或该自然人合法权益而处理个人信息；个人信息系自然人自行公开或已合法公开的（但是该自然人明确拒绝或者处理该信息侵害其重大利益的除外）。《个人信息保护法》第13条借鉴了欧盟的《通用数据保护条例》的规定，只有在七种情况下，个人信息处理者才可以处理个人信息。逐一分析这七种情况，我们发现第四种情况"为应对突发公共卫生事件，或者紧急情况下为保护自然人的生命健康和财产安全所必需"和第五种情况"为公共利益实施新闻报道、舆论监督等行为在合理的范围内处理个人信息"都指的是处于特殊时期、具有特殊理由的特殊情况，个人信息处理者可以不用获得个人信息主体的同意处理个人信息，并不能证明个人信息处理者在日常处理个人信息是合法的。而第三种情形"为履行法定职责或者法定义务所必需"和第七种情形"法律、行政法规规定的其他情形"则需要个人信息处理者具备特殊的法律义务或者法律法规明确规定，一般的个人信息处理者不具备这样的资格适用这两种情形。而第六种情况"在合理的范围内处理个人自行公开或者其他已经合法公开的个人信息"则要求个人信息的状态为已经公开，此案中用户的个人信息并未公开，此种情况不可适用。

综上所述，一般的个人信息处理者日常处理个人信息是否合法的关键在于判断个人信息处理者是否满足第一种情况"取得个人同意"或第二种情况"为订立、履行个人作为一方当事人的合同所必需"。在该案中，公民的个人信息是由公民个人自主填写，也就是说用户同意将个人信息交付给沈先生进行信息的认证。同时，网站与用户订立的合同要求沈先生为用户提供身份核验服务，这一服务要求网站收集、使用个人信息，这一行为就是沈先生为了履行合同所必需的。因此，网站收集、使用个人信息的行为既获得了用户同意，又属于"为履行个人作为一方当事人的合同所必需"。然而网站在身份核验服务完成之后缓存个人信息这一行为就缺少合理依据，因为用户参加核验之前并不知晓这一情况，即网站没有获得用户的同意。因此网站在服务完毕之后依旧存储用户个人信息的行为既非获得用户同意也非履行合同所必需，丧失了处理用户信息的合法性基础。因此法院认为沈先生未经用户许可在提供服务过程中缓存用户输入的个人信息的行为，系《刑法》第253条之一第3款规定的以其他方法获取公民个人信息的行为，沈先生犯了侵犯公民个人信息罪。

18 App 以朋友名义发送注册邀请信息违法吗？

2018年3月10日，小王收到一条短信，内容为："【脉脉职场】王××，有前同事标注你为'有两把刷子'并向你推荐了119个职业人脉，刘××、戴××等36个好友也在脉脉等你，点击链接领取验证码，24小时有效 http: //taou.cn/z/NJDs848 回 T 退订。"小王满心好奇，于是点击了上述短信提供的链接，网页便自动跳转到了脉脉平台。小王后来特意向短信中提到的朋友询问，没想到朋友们都表示虽然使用过脉脉，但从来没有主动向小王发送过短信。小王这就很纳闷了，他想来想去，短信中的"有前同事标注你"的表达方式，反而更像脉脉的语气，应该是脉脉发的。但这令小王"吓了一跳"，脉脉怎么会知道这些人是自己的朋友呢？因此，小王认为脉脉非法获取、存储、利用和识别他的个人隐私信息，并通过大数据的计算形成了自己的关系网。脉脉没有经过用户同意，就给小王发送短信，想要吸引他加入其平台。小王认为脉脉这样的做法侵扰了他的私人生活安宁，所以将脉脉起诉至法院。

那么，App 以朋友名义发送注册邀请信息违法吗？法院经过审查发现，当用户注册脉脉会员时，必须上传手机通讯录。脉脉通过收集小王的通讯录，进行分析并综合确定小王的人脉范围后，便编辑了含有其朋友姓名的短信发送给小王本人，想要吸引小王点击链接进入脉脉平台并注册会员。法院认为，即便该短信是通过朋友点评触发，也应该认定是脉脉平台故意通过程序设置引诱用户点击的按钮，最终通过脉脉控制的程序向小王发送了信息。总而言之，是脉脉故意向小王发送的短信。对于小王而言，该短信因含有小王朋友的姓名，自然会引起他的注意，所以对小王的影响力远大于一般可直接忽略的推送短信。小王认为脉脉的行为侵犯了其隐私权中的特殊权利，即生活安宁权。虽然我国现行法律中还没有明确对生活安宁权进行规定，但维护安宁有序的私人生活不受他人侵扰，是个人尊严的基础内容之一。信息安宁便是其中的重要部分，即不受无关信息的打扰。因此，脉脉通过其经营的脉脉平台的用户上传的信息获取了并没有在该平台注册的小王的电话号码，还通过计算评估形成了小王的人脉关系网，未经小王同意就向其发送推荐信息，侵扰了他的私人生活安宁，构成对小王隐私权的侵犯。

小王其实不仅希望通过这个案件诉讼来保护自身权益，还希望对类似脉脉的不当经营行为给予提醒。在该案的审理过程中，脉脉积极地对平台经营模式进行了部分调整，这是值得肯定的。由此可见，网络平台在大量收集和使用用户个人信息时，应严格遵循法律规定的合法性基础，避免侵犯公民合法权益。

19 餐厅强制扫码点单，是否侵权？

早上八点，张阿姨再一次在小区附近的一家早餐店坐下，她默默地打开手机点了一份小馄饨。张阿姨平均每周光顾这家店三次，但还是没记住老板的脸，因为只要扫描桌上的二维码，她就可以在一分钟内完成点单和付款，连话都不用说一句。但扫码点单也不是那么简单，张阿姨必须得在扫码后关注公众号、填写个人信息注册会员后方可进行点餐，在这一系列操作中，需要对账号、昵称、手机号和位置等个人信息的授权。张阿姨心里很纳闷，自己只不过是来吃顿饭，怎么还要提供这么多个人信息与数据？而且她发现，越来越多的餐厅出现强制扫码点餐的情况，甚至直接取消纸面菜单，张阿姨觉得个人的自主选择权受到了限制。

张阿姨的场景相信大家都不陌生，在互联网如此发达的当下，餐饮业也在被技术重塑：二维码逐渐替代了服务员，成为消费者和商家间的沟通媒介，提高了点单和沟通效率，也在疫情期间减少了人员接触。但是，服务员或许会忘了你是谁，软件系统可不会。在为人们提供便利和安全的同时，扫码点单也不可否认地给个人信息安全埋下了隐患。想要点餐，你就得允许商家获取位置信息；想要获得优惠券，你就要向商家提供手机号；如果扫描出商家的公众号，你就必须关注，顺理成章地成为商家的"私域流量"。更重要的是，在用户不断点击"同意获取"之后，谁也不知道，这些个人信息最终去向了哪里。

餐厅强制扫码点单，是否侵权？对就餐这一场景而言，提供个人信息显然不是消费目的所必需的。如果餐厅将扫码点单作为唯一的点餐方式，就会使得消费者丧失选择权，可能违反相关法规。同时，即使消费者同意扫码点单，也并不意味着餐厅可以随意获取其个人信息，而是应当"告知同意"。根据《个人信息保护法》《网络安全法》等相关法律法规，收集、使用消费者个人信息应以获得个人同意为前提，且应当遵循必要原则。《App违法违规收集使用个人信息行为认定方法》则进一步明令禁止了"因用户不同意收集非必要个人信息而拒绝提供业务功能"。

在移动互联网高速发展的大环境下，扫码消费已成为市场主流。扫码点餐虽带来一定便利，但其伴随着的附加操作越来越多——关注公众号、注册会员、登记手机号、授权位置，让很多消费者苦恼。2021年3月，深圳市消委会组织志愿者走访了深圳市36家大中型购物中心、41 个连锁餐饮品牌共计 353 个门店，据统计分析发现存在三个问题：一是商家获取消费者手机号、通讯录、精确地理位置等多项与消费无关的信息，涉嫌违反《消费者权益保护法》中规定的"经营者收集、使用消费者个人信息，应当遵循合法、正当、必要的原则"；二是强制消费者关注公众号、授权/读取信息，涉嫌侵害消费者的自主选择权；三是未明示收集、使用消费者信息的目的、方式、范围，涉嫌侵害消费者的知情权。

从法律上来说，餐厅扫码点单处于数据治理的灰色地带。大多数情况下，餐厅的扫码点单机制很难做到健全，消费者对自己提供的个人信息的范围及处理方式都难以知悉。商家收集消费者个人信息后，通常会通过发布广告等方式吸引消费者二次消费。还需要关注的是，许多商户往往会从第三方购买软件服务以实现扫码点单功能，这使得消费者信息除了被餐厅收集外，可能在不知不觉中已被第三方公司共享。相较于餐厅而言，提供点餐系统的第三方企业可以从多方收集消费者个人信息，从而形成更为精准的用户画像。个人的交易和消费记录以及行踪轨迹、精准定位信息都属于个人敏感信息，一旦泄露或被不当使用，将对个人产生严重影响。

由此可见，不仅法律法规亟须健全，而且需要商家提高数据保护意识，切实保护消费者个人信息及权益。2021 年 5 月 17 日，深圳市消费者委员会联合福田区消费者委员会联合推出《扫码消费行业自律承诺》，这是全国首个关于扫码消费的行业自律承诺，将对推动行业发展，保护消费者个人信息起到积极作用。

20 免费 WiFi 收集个人信息是否侵权？

天津某科技公司研发一款名为"探针盒子"的电子产品，该电子产品通过提供免费 WiFi 的方式，可以收集手机用户的个人信息。2017年12月，该科技公司与成都某实业公司签订协议，约定由成都某实业公司销售该产品，协议有效期一年。合同签订后，双方分别履行并完成合同义务。后成都某实业公司又分别与天津某科技公司及其上级公司签订补充协议，约定若因政府限制使用等政策原因导致合同不能继续履行，以及因法律和司法问题不能正常在市场销售，成都某实业公司可要求对方回购相应产品并退还保证金。2019年，中央电视台"3·15"晚会报道了该产品获取手机用户信息的情况：该产品不仅可以收集用户手机号码，甚至可以对用户画像进行精准描绘。当用户手机WiFi处于打开状态时，该产品能迅速识别出用户手机的MAC地址，经系统后台大数据匹配，就可以转换出用户的手机号码，继而拨打骚扰电话等。产品被曝光后，成都某实业公司以产品违法已停止销售为由，起诉要求天津某科技公司回购未售出的该产品、退还保证金并承担利息损失。

手机MAC地址是否属于个人信息？根据《个人信息保护法》第4条规定：个人信息是以电子或者其他方式记录的与已识别或者可识别的自然人有关的各种信息，不包括匿名化处理后的信息。个人信息的处理包括个人信息的收集、存储、使用、加工、传输、提供、公开、删除等。从上述条款，我们可得知，可以识别到特定人的信息，为个人信息。通过对名为"探针盒子"的电子产品的使用功能进行充分调查，可以确认该产品具有未经同意收集不特定人手机MAC地址的功能，且该功能是"探针盒子"的主要卖点。虽然手机MAC地址不能直接识别特定用户身份，但经过后台大数据系统处理，并与其他信息相结合后，可以获取该手机用户的电话号码等信息，并对用户画像进行精准描绘。综上可知，通过手机MAC地址与其他信息结合，进而定位到特定用户，因此，手机MAC地址属于个人信息。

免费 WiFi 收集个人信息是否侵权？根据《个人信息保护法》第
13 条规定："符合下列情形之一的，个人信息处理者方可处理个人信
息：（一）取得个人的同意；（二）为订立、履行个人作为一方当事
人的合同所必需，或者按照依法制定的劳动规章制度和依法签订的
集体合同实施人力资源管理所必需；（三）为履行法定职责或者法定
义务所必需；（四）为应对突发公共卫生事件，或者紧急情况下为保
护自然人的生命健康和财产安全所必需；（五）为公共利益实施新闻
报道、舆论监督等行为，在合理的范围内处理个人信息；（六）依照
本法规定在合理的范围内处理个人自行公开或者其他已经合法公开
的个人信息；（七）法律、行政法规规定的其他情形。"根据上述规
定，收集自然人的个人信息应该经个人同意，并且"探针盒子"通
过提供免费 WiFi 方式获取手机用户 MAC 地址并进而获取其他个人
信息的方式并不属于法条所规定的第二项至第七项。因此，通过提
供免费 WiFi 的方式来获取个人信息为侵权行为。

21 体检中心擅自将客户信息作为填写模板，如何维权？

2019 年 11 月，陈妈妈因投保需要，前往一家私营体检中心体检，
在填写就诊人信息时，陈妈妈发现体检中心提供的模板竟是自己
2018 年体检时填写的表格，模板中所显示的就诊人信息正是自己的
个人信息，包括会员号、真实姓名、出生年月、手机号码以及家庭
住址。原来，陈妈妈 2018 年也是在该机构体检，当时曾错将信息填
到空白样表上。这张注有模板字样的表格被当作客户资料存入客户
单位文件夹中。此次抽取相关模板表格时，工作人员误将废表拿出，
引发纠纷。

体检中心是否有权对客户信息自作主张?《个人信息保护法》第13条明确规定了个人信息处理者处理个人信息的前提条件。涉及陈妈妈的主要有两条:一是取得个人的同意;二是为订立、履行个人作为一方当事人的合同所必需。然而,体检中心没跟陈妈妈签订任何有效协定前给了陈妈妈一张模板表格,上面却填写了陈妈妈的诸多真实个人信息。这既没有获得陈妈妈的同意,也不是合同所必需,因为连体检表格都还没开始填,根本不存在订立或者履行合同的意思。因此,体检中心擅自将客户信息作为填写模板是不合法的。

个人信息处理者未尽到信息安全保障义务或者其他义务的,消费者有权维护自身合法权益。当消费者个人信息遭到不当利用或泄露时,侵权人最直接应承担的责任就是停止侵权,即及时采取必要的技术措施妥善处理个人信息。若给受侵权人造成不利影响的,还应赔礼道歉。体检中心没有采取必要的安全保护措施,其做法存在不妥之处,给陈妈妈造成一定困扰,因其自愿向陈妈妈书面赔礼道歉,法院可以依法予以准许。

消费者应当如何保护自己的个人信息?作为消费者,在购物消费、享受服务时,对于个人信息应谨慎保管,不随意书写及遗留个人信息。在发现相关商家或其他信息处理者违反法律规定或者双方约定处理其个人信息的,有权请求其及时删除。当权益受到侵害时,消费者可用多种途径维护自身合法利益,例如向履行个人信息保护职责的部门进行投诉或者向法院提起诉讼。

22 自动开启应用权限侵犯个人信息吗?

刘小乐是"开心消消乐"的一名玩家,刘小乐在使用该款 App 时,发现该 App 存在未经其授权,私自获取其个人位置信息的情况。据查,该款 App 在游戏登录界面的《用户协议》链接中,采用一揽子协议的方式说明"您同意并授权乐元素为履行本协议之目的收集和使用您的用户信息",并未向用户明确提示个人信息的相关授权内容,并且在游戏登录界面及用户使用相关功能过程中也未采取其他方式提示存在收集用户个人信息的情况。刘小乐认为 App 未取得其同意擅自收集信息的行为侵犯了自己的隐私权,并主张侵权损害赔偿,要求对方赔礼道歉。

App 收集用户个人信息是否侵害刘小乐的隐私权呢?首先,应明确隐私权与个人信息的关系。隐私是自然人的私人生活安宁和不愿为他人知晓的私密空间、私密活动、私密信息。自然人享有隐私权。任何组织或者个人不得以刺探、侵扰、泄露、公开等方式侵害他人的隐私权。个人信息是以电子或者其他方式记录的能够单独或者与其他信息结合识别特定自然人的各种信息,包括自然人的姓名、出生日期、身份证件号码、生物识别信息、住址、电话号码、电子邮箱、健康信息、行踪信息等。个人信息中的私密信息,适用有关隐私权的规定。App 未经刘小乐同意而获得的个人位置信息属于个人信息的范畴,依法受到保护,但是否侵犯了刘小乐的隐私权,还应结合其收集信息的方式与范围、是否征得被收集者的同意、使用被收集信息的目的与方式等进行综合判断。

"开心消消乐"App 在其提供的《用户协议》中,采用了一揽子协议的方式,并未向用户明确提示个人信息的相关授权内容,并且使用信息的目的方式和范围并不明确。因此 App 在未取得刘先生明确授权的情况下,存在全项开启手机应用权限,调用刘小乐个人手机位置信息的情况。而对于未经授权收集使用位置信息是否侵犯刘小乐隐私权这一问题,法院认为除非存在特殊情形或特殊主体,位置信息在一定范围内被人知悉,一般不具有私密性,因此位置信息一般属于应予保护的个人信息范畴。而刘小乐并未证明其对该信息特别加以保密，或存在特殊场景下的特殊利益。此外，并无证据表明 App 的经营者公开或向第三方披露刘小乐具体位置信息的行为，刘小乐也并未证明 App 的收集调用行为侵犯了个人生活安宁。本案中 App 未经用户同意获取用户的位置信息指向的是一种自主决定权益，即用户是否知晓并同意网络服务提供者获取己方个人信息，而非指向未经用户同意擅自公开披露用户信息或侵扰用户生活安宁的隐私权益。因此，刘小乐的隐私权并未被侵犯。

> **相关法律条文**
>
> 《个人信息保护法》第 14 条：基于个人同意处理个人信息的，该同意应当由个人在充分知情的前提下自愿、明确作出。法律、行政法规规定处理个人信息应当取得个人单独同意或者书面同意的，从其规定。
>
> 个人信息的处理目的、处理方式和处理的个人信息种类发生变更的，应当重新取得个人同意。

23 同意授权选项，你仔细读了吗？

2018 年 1 月 31 日，小俞在乐友公司的智慧门店购买了商品后，使用支付宝进行支付。支付完成的页面显示有"授权淘宝获取你线下交易信息并展示"这样一句话，细心的小俞发现这个表述前被系统默认勾选了"√"，出于保护个人信息的意识，他赶紧点击取消了勾选。可是没想到，支付宝还是将小俞的购物信息传输给了淘宝与天猫，在手机淘宝、手机天猫订单中都有显示。小俞认为乐友、支付宝、淘宝、天猫构成侵犯个人信息，故诉至法院。

在用户不勾选同意时，支付宝以何法律依据将用户线下购物产生的个人信息传输给淘宝或天猫？法院认为，在支付宝支付完成页面的"授权淘宝获取你线下交易信息并展示"字样，从文字表述上来看，显然是"授权"性质的条款。因此，从用户的角度来说，如果将该段表述前的默认勾选"√"取消，就应当理解为用户明确拒绝自己的线下交易信息被淘宝获取并展示，也就是说淘宝不会获取小俞的线下交易信息。可是在小俞把默认勾选"√"取消后，他的淘宝、天猫订单中却随即出现了线下交易的订单。

支付宝辩称这个"授权"条款实际上只是"告知"用户淘宝将获取线下交易信息，并不是在征求用户对此的同意。也就是说，支付宝认为无论用户是否勾选"同意"，支付宝并不在乎，只是向用户打个招呼，即使用户不勾选"同意"，支付宝依然认为用户已经同意。

对此，法院认为，个人信息共享是一个融合了个人信息流动的动态的过程，在此过程中可能对个人信息安全带来一定的威胁。在个人信息共享的过程中企业应当明确告知用户其使用信息的目的、范围，并获得用户的明确授权，以确认协议、具体场景下的文案确认动作等形式征求了用户的同意，并在获得授权的范围内使用该个人信息。法院认为，乐友、支付宝、淘宝、天猫在明知使用智慧门店中个人信息需要事先获得用户授权的情况下，并没有实际取得用户授权，使用了小俞的个人信息，该行为侵犯了小俞的个人信息权益，构成共同侵权，依法应当承担相应的侵权责任。在小俞就涉案行为投诉后，支付宝、淘宝、天猫立即查找了存在的问题，停止了侵权行为，没有造成更多的损害。

所以，那些同意授权选项，你仔细读了吗？作为广大用户群体，作为个人信息主体，我们应当留意页面中的同意授权选项是否被默认勾选，并仔细阅读其中条款，积极保护自己的个人信息不被滥用，维护合法的个人信息权益。

24 手机通信公司保存个人信息最多能多长时间？

　　乳山移动公司与王先生签署了中国移动通信客户业务受理单及中国移动通信客户入网服务协议，该协议约定"乙方（移动公司）对移动电话原始话费数据及信息服务计费原始数据保留期限为5个计费月（系统产生客户话单当月起后5个月，不含当月），对客户在保留期限届满前提出异议的话单，应保存至异议解决为止"，后王先生又从网上订购了中国移动通信的包年费赠网卡业务。后双方因WLAN上网时长等问题发生争议，经协商双方未能达成一致意见，王先生向消费者保护协会进行投诉，同年7月份王先生再次查询4月份的上网详单时，发现其4月份上网详单记录与以前查询的详单记录内容上发生了变化，王先生因而向山东省通信管理局反映相关问题并提交了相关记录。山东省通信管理局于2014年2月21日向原告王先生回复了调查结果，其答复内容如下：经调查，移动公司因系统储存能力限制，将近三个月的WLAN详单放入历史数据库存储。将2次以上上下线按照"一次上网的规则进行合并"，合并后详单条数减少，但总的上网时长和流量并没有减少。在此之后山东省通信管理局就原告王先生反映的相关问题又进行了数次回复，但原告王先生对回复结果仍不满意遂诉至一审法院。

　　那么移动公司设置手机原始话费数据及信息服务计费原始数据保留期限行为是可行的吗？首先，法院认可了双方之间签订的原始数据保留5个月的合法性，认为被告虽然对原告的上网历史数据在5个月之内进行了合并储存，但并未清除储存记录，只是历史数据的储存方式进行了变化，因此被告合并历史数据的行为并未违反合同的约定。其次，被告合并历史数据在计费当月的3个月以后进行，在计费当月的通信服务费已经确定的情况下对历史数据的合并储存显然不会影响到原告当月的计费；原被告发生纠纷后，原告将历史数据的变动情况向山东省通信管理局进行反映，山东省通信管理局作为山东省行政区域内对通信行业实施监督管理职能的主管部门对原告反映的问题进行了调查，并确认历史数据"合并后详单条数减少，但总的上网时长和流量并无变化"。因此被告对历史数据储存方式的变更既未违反合同的约定，也未对原告的权利造成实际的损害。最后，从法院对双方协议合法性的态度中，可以看出，设置个人信息必要储存时间是被法律以及司法实践所鼓励的，双方可以根据实际情况约定个人信息留存时间，该约定是合法且有效的。

25 大数据杀熟，是真的吗？

案例一：据央视报道，北京的韩阿姨使用手机在某电商平台购物时，中途借用了另一部手机结账，却意外发现另一部手机显示的价格贵25元钱。同一商家的同一件商品，注册至今12年、经常使用、总计消费近26万元的高级会员账号，反而比注册至今5年多、很少使用、总计消费2400多元的普通账号，价格贵了25元钱。

案例二：2021年3月，复旦大学孙教授团队发布的"手机打车软件打车"调研报告在网上传开，成了大家热议的话题。该团队在北京、上海、深圳、成都和重庆五个城市，专门打车800多次，花费5万元换回了一份打车报告。报告显示：苹果手机用户更容易被专车、优享这类更贵车型接单。如果不是苹果手机，则手机越贵，越容易被更贵车型接单。调研还发现，实际车费比预估费要高，这样的情况占比高达80%。对比2017—2020年中三个年度前后的数据，相比三年前，乘客等候的时间明显变长乃至翻了一倍，而打车的费用上涨了近14%。调研团队认为，"熟人"打车比"新人"贵；

打车人越多，打车费越贵；此外，人多排队时，加价即可插队。

在目前市面上已有的报道中，并不缺乏上述这样的案例。所以，大数据杀熟不仅是真的，而且我们每个人都经历过。在现实生活中，我们会遭遇大数据杀熟的移动应用无非是两种：一是在线旅游类的App，比如携程、去哪儿、飞猪等；另一种则是电商类App，比如淘宝、京东、美团等。如果非要给"大数据杀熟"一个定义，其实就是平台利用收集的用户个人资料、流量轨迹、购买习惯等行为信息，通过平台大数据模型建立用户画像，最后根据画像给用户推荐相应的产品、服务和定价。简单来说，就是"老客户看到的价格会高于新用户"。

从法律角度来看，"大数据杀熟"本质上是一种侵权行为，最直接的后果就是对消费者权益的损害。2019年起施行的《电子商务法》指出，电子商务经营者应当全面、真实、准确、及时地披露商品或者服务信息，保障消费者的知情权和选择权。对于构成消费欺诈行为的，《消费者权益保护法》也有明确规定。如涉及价格欺诈，可适用价格法及其配套法规。同时，平台订单是具有法律效力的合同，运营者故意隐瞒价格差异、诱导消费者订立显失公平的合同，也可根据《民法典》进行处理。此外，《个人信息保护法》中也对平台的自动化决策进行了相应的规定和限制，由此平台将负有义务保证决策的透明度和处理结果的公平合理，同时消费者个人也将有权对自动化决策说"不"。

"大数据杀熟"更深层次的问题，其实在于平台对用户个人信息的保护和利用不当。基于便利，用户让渡了自己的部分权利。例如，让平台获取自己的消费习惯、消费能力、商品偏好、价格敏感等信息。但是，这并不意味着平台可以随意使用这些用户个人信息，或者利用信息不对称进行牟利。信息时代，大数据给生活带来了更多可能，算法、用户画像、精准推送等技术日新月异，但都不应脱离法律和道德的约束，不能损害公众的利益。从这个意义出发，必须加强依法治理，及时规制负面因素，确保技术为人民大众谋利益、更好造福社会。

相关法律条文

《个人信息保护法》第 24 条：个人信息处理者利用个人信息进行自动化决策，应当保证决策的透明度和结果公平、公正，不得对个人在交易价格等交易条件上实行不合理的差别待遇。

通过自动化决策方式向个人进行信息推送、商业营销，应当同时提供不针对其个人特征的选项，或者向个人提供便捷的拒绝方式。

通过自动化决策方式作出对个人权益有重大影响的决定，个人有权要求个人信息处理者予以说明，并有权拒绝个人信息处理者仅通过自动化决策的方式作出决定。

26 房产中介泄露个人信息，找谁负责？

2017 年 4 月 6 日，小赵与链家签订《房屋出售委托协议》，该协议约定小赵委托链家出售他名下的家庭住房。根据这份协议，小赵需要向链家提供他的个人有效证件及资料，同时链家应尽到妥善保管义务。签约当日，小赵便将自己的身份证复印件及房屋产权证复印件给了链家的经纪人小杨。后来，同样是链家员工的小宋找到小杨，问他能不能给自己帮忙提供一份业主的个人信息去办理居住证。小杨就把小赵的身份证复印件、房屋产权证复印件给了小宋。小宋于是伪造了与小赵的租赁合同，还去派出所为自己和配偶都办理了北京市居住登记卡。后被小赵发现，小宋就把北京市居住登记卡注销了。

小赵认为，链家作为国内知名的房地产中介服务机构，应该妥善保管好客户的个人信息资料。然而，链家却疏于管理使得其员工小宋、小杨有机可趁，利用职务之便获取了自己的身份及房屋信息，严重侵犯了他的民事权益，故诉至法院。

那么，在自己的个人信息被链家泄露时，小赵应该找谁负责？根据该案的情况，法院认为：（1）小宋非法使用小赵个人信息伪造合同、办理居住证的行为构成民事侵权，应承担小赵个人信息被侵犯损害的全部赔偿责任。（2）虽然小杨与小宋基于共同故意实施的侵权行为，但小杨泄露链家客户信息的行为与他身为链家经纪人的职务有很大关系，因此，应由用人单位链家替代承担小杨的侵权责任，即由链家与小宋对小赵承担连带侵权责任。2018年11月20日，法院判令链家、小宋赔礼道歉并连带赔偿小赵经济损失10万元。

作为大量获取客户个人信息的营利性企业，链家主要就是利用自身在市场上的信息优势地位，为房地产市场买卖及租赁双方提供信息匹配的居间委托服务。因此，对市场信息的掌握是链家营利的核心要素。在利用客户信息获取利益的同时，链家自然需要对客户信息承担更高的安全保管义务。然而，作为企业员工的管理者，链家不仅未建立信息安全的管理制度和操作规程，更没有确保经纪人谨慎依约合法使用公民个人信息，从而无法保障客户的信息安全。法院查明，链家要求经纪人必须将客户的身份证、房产证及合同信息拍照后上传至公司内网，在这样的处理方式下极易导致个人信息泄露。

随着社会的进步和信息经济的发展，个人信息作为一种越来越重要的资源，其财产价值也日益凸显。个人信息处理者应当采取技术措施和其他必要措施，建立健全个人信息保护系统，确保其收集、存储的个人信息安全，防止个人信息泄露、篡改、丢失。

相关法律条文
《个人信息保护法》第25条：个人信息处理者不得公开其处理的个人信息，取得个人单独同意的除外。

27 公开考试成绩侵犯个人隐私权吗？

2018 年法考成绩发布后，青岛天一精英人才培训学校通知所有学员查出成绩后，可自愿报给培训学校再上报给烟台市公安局。王同学通过微信上报了成绩，后培训学校公众号发布推送《重磅！天一教育法考烟台考点创造 98.3% 的通过奇迹！》，其中展示的天一烟台教学点过关名单中包含王同学的成绩，显示内容为"115，王某某，男，90，91，181"，即包括序号、姓名、性别及法考客观成绩、主观成绩及总成绩。王同学认为该推送构成侵犯自己的隐私权。

法考成绩是否属于隐私权中的个人信息范畴呢？首先，我们来看一下当时法院的观点：由于个人观念的不同，隐私的定义具有一定主观性，但法律意义上隐私范围的界定应当具备客观性标准，并根据具体情况进行具体分析，并非所有的私人事项均属于《个人信息保护法》中所说到的个人信息。一般而言，自然人的基因信息、证件信息、联络方式、财务情况、婚姻状况、健康状况、医疗信息、犯罪记录等可以识别该个人的资料应当属于隐私权保护的个人信息。姓名及相关法考考试成绩均不属于私生活中绝对自我空间的范畴，不属于隐私中的个人信息范畴。其次，天一学校发布的"115，王某某，男，90，91，181"的信息内容仅涉及王同学姓名和成绩，并未涉及其他私人信息，虽然相关学员名单是面向社会不特定公众发布，但社会公众并不能凭此条信息与王同学本人建立特定联系，并认定该条信息就是指代王同学本人，故不构成法律概念上的特指，不具备识别性，也就不属于隐私权里所涉及的个人信息。

最后，青岛天一精英人才培训学校通过互联网发布《重磅！天一教育法考烟台考点创造 98.3% 的通过奇迹！》的行为旨在宣传该学校法考通过率，其中包含的"115，王某某，男，90，91，181"的信息内容并未逾越此目的的必要范围，不具有侵犯王同学隐私权的故意或过失，主观上无过错。故天一学校不具备隐私权侵权的构成要件，不构成对王同学隐私权的侵犯。

需要指出的是，在《个人信息保护法》颁布后，个人信息这一概念的范围进一步扩张——"个人信息是以电子或者其他方式记录的与已识别或者可识别的自然人有关的各种信息，不包括匿名化处理后的信息"。以现在的眼光来看，王某某的姓名和成绩已符合可识别性标准，属于个人信息。此外，从王某主动向培训学校报告法考成绩来看，其姓名和成绩并不具有"不可公开性"和私密性，因此王某的姓名和法考成绩并非私密信息，也就不构成个人隐私。

28　人脸识别系统能随意安装吗？

2019 年 4 月，老郭购买了杭州野生动物世界"畅游 365 天"双人年卡，确定了指纹识别入园方式。老郭与其妻子留存了姓名、身份证号码、电话号码等，并录入指纹、拍照。后来，为了解决指纹机识别精准度低导致年卡用户入园排队时间过长的问题，野生动物世界将年卡客户入园方式从指纹识别调整为人脸识别，并更换了店堂告示。2019 年 7 月、10 月，野生动物世界两次向老郭发送短信，通知年卡入园识别系统更换事宜，要求激活人脸识别系统，否则将无法正常入园。老郭与其协商未果，毅然提起诉讼。

动物园提高入园速度的初衷能否代表公共利益？许多人认为，用人脸识别代替指纹识别能够有效提高效率，极大减少入园排队时间，也是为了公共利益，是值得鼓励的。这是完全混淆了公共利益的概念。公共利益指的是，能够满足一定范围内所有人生存、享受和发展的、具有公共效用的资源和条件。而作为敏感个人信息的人脸信息，关乎着个人自身重大的人格、财产利益。尤其是《民法典》已经确立了个人信息权益，动物园没有任何法律依据，不能随意剥夺公民基本权利。排队入园本身就是一件再正常不过的个人行为，完全没有涉及公共利益，动物园即使初衷再好，也必须在尊重公民合法权益和遵守法律法规的前提下，才能使用人脸识别。

动物园是否有权单方面要求使用人脸识别技术？根据《个人信息保护法》相关规定，处理个人信息的前提主要分为"依同意"和"依法定"。"依同意"指的是当事人已经单独同意了个人信息处理者使用人脸识别技术等身份识别设备，既然已经取得当事人认可，自然可以对其合法使用人脸识别技术。"依法定"指的是依照相关法律规定使用人脸识别技术，即个人信息处理者获得了法律明文授权。例如，2020 年 3 月实施的《全国救助管理信息系统人脸识别技术使用管理规定（试行）》明确指出，各地救助管理机构可以使用人脸识别技术甄别比对受助人员身份信息。杭州野生动物世界作为对外经营的单位，没有取得游人老郭的同意，也没有任何相关法律依据，因此动物园单方面要求游人老郭使用人脸识别技术是不符合法律规定的。

在公共场所使用人脸识别技术还有其他法律约束吗？除了获取同意或者法律授权，个人信息处理者还需要采取多项措施保障公民的基本权利。首先，应当设置显著的提示标识，公开使用人脸识别技术的情况，保障公民的知情权，这表明个人信息处理者应当向相关当事人提供警示义务，如同交通警示牌一般，告知他们已经进入了人脸识别的范围。其次，使用人脸识别技术严格限定在维护公共安全所必需，在收集、使用、公开等处理过程中，必须仅用于维护公共安全的目的。最后，人脸信息作为敏感个人信息，个人信息处理者还应当遵守《个人信息保护法》规定的风险评估、必要的安全保障措施等法律义务。

《个人信息保护法》第26条：在公共场所安装图像采集、个人身份识别设备，应当为维护公共安全所必需，遵守国家有关规定，并设置显著的提示标识。所收集的个人图像、个人身份特征信息只能用于维护公共安全的目的，不得用于其他目的；取得个人单独同意的除外。

29 售楼处可以安装人脸识别设备吗？

在南京的小朱最近想买房，看了一个楼盘的宣传之后，打算先去该楼盘看看环境。小朱把这件事告诉姐姐之后，姐姐马上阻止了他，并告诉他一旦到楼盘亲自去看过了，该楼盘的人脸识别系统就会拍下他的照片记录他的人脸信息，并把小朱归类为因房企宣传前来买房的"自然到访客户"，区别于通过中介看房的"渠道用户"。针对不同的客户类型，房企会指定不同的优惠政策，有时可能会相差几十万元。比如某优惠政策要求购房者第一次到访并下单，才可以享受各种折扣。但第一次到访一定要求此前没有被摄像头拍到过。为了避免丧失优惠，姐姐提醒他不要轻易去看房。个别楼盘甚至安装瞳孔识别技术，即使是戴上口罩，也可以识别出顾客是否曾经到访过。小朱觉得买房一定要慎重并且多次实地探访，然而人脸识别设备的存在令他苦恼不已，于是他最终决定戴着头盔去看房，这一行为被拍下并在网上迅速传播。楼盘能否安装人脸识别设备再次激发公众的讨论。

售楼处可以安装人脸识别设备吗？首先我们需要判断售楼处是否属于公共场所。公共场所应当是属于整体上供不特定公众使用的地方，比如图书馆、博物馆、医院、商场、公共交通设施等。而不应该包括私人场所，售楼处虽然也可以供不特定的人出入、活动，但是出入的人员有一定的限制，其本质上属于私人场所不应当属于公共场所，因此，售楼处不可以使用人脸识别设备。其次，就算售楼处被归类于公共场所，如果售楼处要安装人脸识别设备，我们也需要判断安装人脸识别设备是不是维护公共安全必不可少的。《个人信息保护法》第26条规定"在公共场所安装图像采集、个人身份识别设备，应当为维护公共安全所必需"，也就是在公共场所安装人脸识别设备的目的一定是要以维护公共安全为目的，不可以是因为商业目的。此外，安装人脸识别设备是有必要性的，不是可有可无的，如果不安装人脸识别设备公共场所的安全依旧可以获得比较高水平的保障，那么安装人脸识别设备这一行为就不是必需的。依据此法条分析，首先，售楼处安装人脸识别设备的目的是记录往来人员信息，而并不是维护公共场所安全。其次，一般情况下，售楼处流动的人员大部分具有购房目的，且流动人员数量并不大，与流动人员巨大的公共场所比如机场、车站相比，售楼处的安保压力并不重。以往的售楼处配备的安保人员就足以维护此区域的安全，也没有发生严重的安全问题，因此售楼处没有必要安装人脸识别设备。所以，售楼处不可以安装人脸识别设备。

安装人脸识别的公共场所，应当履行什么样的义务呢？根据《个人信息保护法》第26条的规定，一方面，应当在安装人脸识别设备的场所设置显著的提示标识，告知进入此区域的人员此区域存在人脸识别设备。另一方面，安装了人脸识别设备之后收集的个人图像、个人身份特征信息也只能用于维护公共安全的目的，不得用于其他目的的公开，也不可以向他人提供。除非单独获得被收集信息的个人同意。

30 芝麻信用数据被商业化利用合法吗？

2015 年，徐某通过支付宝客户端开通"芝麻信用"服务，同时签订《芝麻信用服务协议》，并授权芝麻信用管理有限公司（以下简称"芝麻信用公司"）可以向合法提供其用户信息的主体采集信息。2017 年，某高院依法公开了徐某作为被执行人的被执行案件信息。同时，徐某收到芝麻信用平台的被执行案件信息，徐某要求芝麻信用公司及时删除该信息。芝麻信用公司认为，采集的被执行人信息来源为某高院，属于可公开内容，且芝麻信用公司提供的被执行人信息仅徐某本人可以查阅，最后拒绝了徐某的要求。2018 年，徐某一纸诉状至法院，要求芝麻信用公司删除被执行案件信息，并赔偿其个人征信损失 50000 元。

被执行案件信息是否享有隐私权？需要指出的是，并不是所有的私人事务均属于隐私的范畴。依法公开的个人信息通常不属于隐私。根据《最高人民法院关于人民法院执行公开的若干规定》（以下简称《执行公开规定》）的规定，执行公开，是指人民法院将案件执行过程和执行程序予以公开；人民法院应当通过通知、公告或者网络、新闻媒体等方式，依法公开案件执行各个环节和信息，但涉及国家秘密、个人隐私等法律禁止公开的信息除外。徐某的被执行案件信息是由人民法院依法向社会公众公开的内容，属于已公开的个人信息。因此，徐某对该个人信息并不享有隐私权。

芝麻信用公司是否可以直接披露被执行案件信息？《个人信息保护法》第 27 条规定：个人信息处理者可以在合理的范围内处理个人自行公开或者其他已经合法公开的个人信息；个人明确拒绝的除外。芝麻信用公司仅向徐某展示被执行案件信息及进展，属于在合理范围内处理已合法公开的个人信息，但因徐某明确表示拒绝，芝麻信用公司不得披露徐某的该条个人信息。

可见，收集于政府、法院等国家机关依法公开的个人征信数据，可以进行合理化的商业使用。但如果个人信息主体明确表示拒绝的，则必须停止使用，个人信息处理者使用已公开的个人信息，要时刻警惕用户数据商业使用的规则和边界，滥用个人征信数据必然需要承担法律责任。

> **相关法律条文**
>
> 《个人信息保护法》第27条：个人信息处理者可以在合理的范围内处理个人自行公开或者其他已经合法公开的个人信息；个人明确拒绝的除外。个人信息处理者处理已公开的个人信息，对个人权益有重大影响的，应当依照本法规定取得个人同意。

31 餐馆包间内安装摄像头，是否侵犯隐私？

海底捞多家门店的包间内安装了摄像头，部分包间内甚至没有"内有监控"等相关提示。此举引发了网友热议，部分消费者担心会泄露消费者隐私；另一部分消费者表示，餐厅包间再私密也是公共场所，可以接受亮在明处的摄像头，这样有利于找回丢失物品等。海底捞则称，为保障消费者用餐安全，各门店会结合门店特点安装监控设备，包括包间；同时，海底捞注重保护顾客隐私，公司对监控管理设有相关的制度、流程，同时通过技术手段强化管控，保障消费者权益。

公共场所必须安装摄像头吗？公共场所安全涉及公众重大利益，事关每一名公民的生命财产安全，安装摄像头能够起到震慑犯罪、固定证据等诸多良好效果。《关于加强公共安全视频监控建设联网应用工作的若干意见》明确规定，重点公共区域视频监控覆盖率达到100%。在涉及餐饮行业"摄像头"的规定中，《北京市餐饮企业治安保卫工作规定》更加细致规定，大中型餐饮企业应当按照有关法律规定，在营业场所的出入口、共享大厅、主要通道、主要营业场所、停车场、地下停车场出入口、收银台、财会室、客运电梯间、扶梯口等处设置图像信息采集点，并设置显著提示信息。各地政府也结合本地实际情况，出台了类似的规范条款。海底捞是对公众开放的商业运营场所，属于公共场所，可以依法安装摄像头。

在公共场所安装摄像头有什么要求吗？摄像头的使用必须符合国家法律法规的要求。《个人信息保护法》第26条就作了专门规定，首先，摄像头的安装和使用应当为维护公共安全所必需；其次，必须设置显著的提示标识，提醒消费者已经进入了监控区域；最后，所收集的信息只能用于维护公共安全的目的，不得将收集的信息公开或者向他人提供。

海底捞的包间属于公共场所吗？公共场所是一个公共空间，相对于公民的隐私保护，更加注重公共安全。然而，包间是一个独立的空间，消费者之所以选择包间，已经考虑到区别于大厅就餐的情形，不希望有其他人打扰或者倾听，趋向于更加私密的场所。《北京市公共安全图像信息系统管理办法》规定，设置公共安全图像信息系统，不得侵犯公民个人隐私；对涉及公民个人隐私的图像信息，应当采取保密措施。判断该问题的关键是包间的"隐私"属性。美国 Katz v. United States 案确立了"隐私合理期待"理论：第一，一个人表现出对隐私的实际（主观）期待；第二，这种期待是社会已经拟定承认为"合理的"。在此案中，消费者选择包间就表明其主观期待一个私密的空间，而这种期待是符合社会期望的，即承认为合理的。因此，通常情况下，包间不应当归属于公共场所。

海底捞如何才能在包间内安装使用摄像头？前文已经分析了包间涉及个人隐私，除法律另有规定，海底捞无权在包间内安装使用摄像头。如果为了找回丢失物品等其他目的，海底捞除了提示消费者安装了摄像头，还应当获取消费者可以使用摄像头的明确同意。此外，海底捞还应当履行个人信息处理者的相关义务。

32 举报信息能够提供给第三方吗？

肖小姐在某平台第三方店铺某化妆品专营店购买货物，后来订单因为超时付款被取消。之后，肖小姐向市场监管部门举报该化妆品专营店销售产品涉嫌欺诈。平台在接到市场监管部门的调查函后，以协助调查的名义将举报订单的编号告知该化妆品专营店（以下简称卖家）。卖家在接到涉案的订单编号后根据交易记录查到了举报者肖小姐的联系方式、收货地址等个人信息。查出肖小姐个人信息后，卖家多次联系肖小姐希望协商解决纠纷。肖小姐不胜其烦，认为是某平台将自己的信息泄露给卖家。因为个人信息的泄露，肖小姐将该平台告上法院，提起泄露隐私的侵权诉讼。

平台和卖家都有肖小姐的订单编号和交易信息，该交易信息包括联系方式、收货地址等个人信息。平台明明知道将举报订单的编号告知卖家，卖家就可以根据订单编号查到肖小姐的联系方式。那么，平台将肖小姐的联系方式收货地址告知卖家的这一行为是否属于泄露举报信息呢？对于这一问题，此案一审法院和二审法院的看法有所不同，一审判决认为，肖小姐和卖家属于交易的相对方，交易双方发生矛盾后，电子商务平台的经营者向交易对方披露肖小姐的联系方式，属于平台的合理义务，平台这一行为只是告知交易对方的联系方式，并非泄露举报信息。而二审法院认为平台泄露的信息并非一方的联系方式，而是举报信息，该信息具有私密性，平台应当承担侵权责任。

平台将消费者的信息告知卖家是否违法？肖小姐在该化妆品专营店下单时，卖家就已经知晓肖小姐的联系方式、地址等信息。因此，如果认为平台泄露的是肖小姐的联系方式，那么肖小姐的联系方式对于卖家来说就是已经公开的个人信息，平台处理的是已公开个人信息。根据《个人信息保护法》第 27 条，个人信息处理者可以在合理的范围内处理个人自行公开或者其他已经合法公开的个人信息，个人明确拒绝的除外。肖小姐向平台和卖家公开个人信息时是为了可以互相联系，促成交易的完成。而在订单被取消之后，肖小姐和卖家、平台之间的合同也就取消，卖家、平台没有必要再联系肖小姐。平台得知举报之后把肖小姐的联系方式告知卖家，与一开始肖小姐公开个人信息的目的不符，不属于处理公开个人信息的合理范围。除此以外，这一信息可能导致肖小姐举报行为的暴露，招致他人报复，对肖小姐个人权益有重大影响，平台向他人提供个人信息应当取得本人同意，平台不可以告知卖家肖小姐的联系方式。然而平台泄露的个人信息除了是卖家已知的肖小姐的联系方式之外，还告知了一个卖家原先不知的信息"肖小姐就是举报者"，这一信息举报人不愿意为被举报人知道，属于私密信息。《广告法》第 53 条规定，接到投诉、举报的部门应当为投诉、举报人保密。这虽然是对于市场监督管理部门或有关部门接受举报时应当履行的义务，但电商平台在协助市场监管部门调查时，也应当注意保护举报人的私密信息。平台没有经过肖小姐的同意就告知卖家肖小姐的联系方式，不仅超范围泄露了肖小姐已经公开的个人信息，而且泄露了不应当公开的肖小姐的私密信息。

33 使用公开的个人信息是否侵犯隐私？

原告王总是一位民营企业法人代表，他于 1998 年 10 月起使用一个 136 开头的中国移动号码，号码登记在他的名下。2015 年 7 月 17 日下午，王总和新认识的朋友沈先生互留了手机信息，遂拨打了对方电话。让王总意外的是，打通电话后对方手机显示他的号码为"浙江某网络信息有限公司"字样，结果被沈先生怀疑是骗子，他感觉人格受到侮辱。事后，王总向中国移动客服了解情况，客服表示标注系360公司所为，移动公司无法取消。王总认为，360公司擅自泄露了他的个人隐私，侵犯了他的名誉权，为此他将360公司起诉至法院。

本案中360公司是否侵权？法院认为，原告作为公司法定代表人或负责人，所使用的号码已经在企业黄页被公开披露，原告在工商行政管理机关登记企业信息时，亦将该手机号码予以登记，以备信息查阅。被告通过大数据比对功能，确定该手机号码与浙江某网络信息有限公司合肥分公司相对应，并进行标记，其信息并无错误，且软件标记的是企业信息，而非公民个人信息。该软件设计开发之初，是便于360手机卫士的用户获得更好的体验，并无恶意侵犯通话中主叫方人格权的故意，而客观上原告亦不能举证其朋友或者客户在使用该功能后，反馈出某些负面影响。被告已证实其获取手机号码对应的标记信息均来源于公开渠道，因此亦不能认定被告标记号码的行为侵犯了原告的隐私权。

值得注意的是，个人信息的主题并未限定为自然人，只不过法律法规对于自然人个人信息予以特别保护，法人企业虽然没有隐私权，但其同样享有名称权、名誉权和荣誉权等人身权利。因此基于互联网大数据分析也不应当免除其告知企业用户搜集使用信息的情形，并具备相应的更正信息渠道，防止损害用户合法权益。

何种情况下构成侵权？安全软件进行号码标注是市场需求，在社会生活中，利用网络通信实施犯罪活动频发，拦截骚扰、诈骗电话、提示伪基站的功能利大于弊。但同时，对于被拒接或屏蔽方而言，也产生了更多的不便甚至利益损害，一些号码容易出现误标，比如一些号码被实际使用人废弃后可能被第三人重新启用，会存在未消除标注障碍，如果第三人并不存在之前的标注行为，会导致通信受阻。生活中，也有可能出于对同学、朋友或他人的恶意整蛊，将某人电话恶意上传标注，此类标注实际是一种侵权行为。对此，标注人应当负有善意标注谨慎上传的义务，如果标注人出于发泄或其他恶意上传标注分类，则构成对于被标注人权利损害，应属于侵权行为；被标注人如因标注不当或标注侵权，则有权要求网络服务提供者采取删除、屏蔽、断开链接等必要措施，从而减少对合法权益的损害。同时，被标注人如果属于商业性使用号码则应有必要的"容忍义务"，因其商业推广行为构成对其他号码机主一定的干扰。此外，网络安全服务提供方应当履行保留相关标注信息可查，并及时配合被标注人履行通知、删除或更正义务，如果网络安全服务提供方不能履行义务，造成被标注人侵权损害的，应当承担连带责任。

34 个人信息用于跨境研究，违法吗？

2018 年 10 月 24 日，国家科技部在网站上发布了 6 份行政处罚决定书，其中包括华大基因控股子公司在 2015 年 9 月份受到的处罚。根据该行政处罚决定书，中国人类遗传资源管理办公室对华大科技执行"中国女性单相抑郁症的大样本病例对照研究"国际科研合作情况进行了调查，发现华大科技与华山医院未经许可与英国牛津大学开展中国人类遗传资源国际合作研究，同时华大科技还未经许可将部分人类遗传资源信息从网上传输出境。这一行为违反了《人类遗传资源管理暂行办法》相关规定，科技部于是作出处罚，要求华大科技接到行政处罚决定书之日起立即停止该研究工作的执行，销毁该研究工作中所有未出境的遗传资源材料及相关研究数据，自决定书送达之日起停止华大科技涉及我国人类遗传资源的国际合作，整改验收合格后，再行开展研究。

个人信息用于跨境研究，违法吗？2020年4月10日，《中共中央国务院关于构建更加完善的要素市场化配置体制机制的意见》正式公布，并分类提出了土地、劳动力、资本、技术、数据五个要素领域改革的方向，其中数据作为一种新型生产要素被写入该文件。由此可见，数据以及个人信息在国家安全方面的重要性正逐渐提升。

《个人信息保护法》专章规定了"个人信息跨境提供的规则"，敏感个人信息是一旦泄露或者非法使用，可能导致个人受到歧视或者人身、财产安全受到严重危害的个人信息，包括种族、民族、宗教信仰、个人生物特征、医疗健康、金融账户、个人行踪等信息。《个人信息保护法》规定，基于个人同意处理敏感个人信息的，个人信息处理者应当取得个人的单独同意。该案中，人类遗传资源信息作为极其重要的敏感个人信息，华大基因的处理行为不仅危及了个人安全，更严重影响了国家安全。随着《个人信息保护法》的出台，未来国家对于敏感个人信息的保护将提升至更高层面。

相关法律条文

《个人信息保护法》第28条：敏感个人信息是一旦泄露或者非法使用，容易导致自然人的人格尊严受到侵害或者人身、财产安全受到危害的个人信息，包括生物识别、宗教信仰、特定身份、医疗健康、金融账户、行踪轨迹等信息，以及不满十四周岁未成年人的个人信息。

只有在具有特定的目的和充分的必要性，并采取严格保护措施的情形下，个人信息处理者方可处理敏感个人信息。

35 公司为什么不能查员工的银行账户信息？

去年5月6日，脱口秀演员"池先生"发布微博称，中信银行上海虹口支行未获本人授权，便将其个人账户流水提供给上海某文化传媒有限公司，侵犯其个人信息的合法权益，要求中信银行、某文化传媒有限公司赔偿损失并公开道歉。中信银行经过确认证实了该支行存在未经"池先生"同意就将其个人账户流水提供给某文化传媒有限公司的行为，并已经按照制度规定对相关员工予以处分，对支行行长予以撤职。同时，银保监会消保局将按照相关法律法规，启动立案调查程序，严格依法依规进行查处。具体来看，中信银行的违法违规行为主要包括：（1）客户信息保护体制机制不健全。柜面非密查询客户账户明细缺乏规范、统一的业务操作流程与必要的内部控制措施，乱象整治自查不力。（2）客户信息收集环节管理不规范。客户数据访问控制管理不符合业务"必须知道"和"最小授权"原则，查询客户账户明细事由不真实，未经客户本人授权查询并向第三方提供其个人银行账户交易信息；（3）对客户敏感信息管理不善，致其流出至互联网，并违规存储客户敏感信息；（4）系统权限管理存在漏洞，重要岗位及外包机构管理存在缺陷。

可以看到，银保监会出具的行政处罚中，提到了银行对客户敏感信息管理不善的问题，那么什么类型的信息是客户敏感信息呢？我国法律对用户个人敏感信息又采取了什么特殊的保护措施呢？

《个人信息保护法》第28条界定了用户敏感个人信息的范围，法条指出："敏感个人信息是一旦泄露或者非法使用，可能导致个人受到歧视或者人身、财产安全受到严重危害的个人信息。"除此之外，《个人信息保护法》还单独强调了金融账户信息属于个保法中所提到的敏感个人信息。而敏感个人信息的处理应当在取得用户的单独同意后才能够进行。中国人民银行发布的《金融数据安全数据生命周期安全规范》第3.7条规定："个人金融信息是指金融业机构通过提供金融产品和服务或者其他渠道获取、加工和保存的个人信息，包括账户信息、鉴别信息、金融交易信息、个人身份信息、财产信息、借贷信息及其他反映特定个人某些情况的信息。"可以看到，本案例中提到的银行账户流水信息属于这里的金融交易信息，即个人金融信息。

那么如何以合法方式收集或使用用户的个人金融信息呢？根据上述安全规范第 3.12 条规定，明示同意是指个人金融信息主体通过书面声明或主动作出肯定性动作，对其个人金融信息进行特定处理作出明确授权的行为。肯定性动作包括个人金融信息主体主动勾选、主动点击"同意""注册""发送""拨打"、主动填写或提供等。本案中，银行在向第三人提供用户个人信息前，至少应当通过用户本人的明示同意，才属于以合法方式使用其个人信息。

相关法律条文

《个人信息保护法》第 30 条：基于个人同意处理敏感个人信息的，个人信息处理者应当取得个人的单独同意。法律、行政法规规定处理敏感个人信息应当取得书面同意的，从其规定。

36 未经家长同意，可以收集儿童个人信息吗？

一家公司在开发运营 App 过程中，对于儿童用户没有采取特别的保护措施。据悉，该 App 在没有采取显著、清晰的方式告知儿童监护人并征得其同意的情况下便允许儿童自行注册账户，并且收集、存储了儿童信息。此外，该 App 在进行视频推荐的过程中，在没有再次征得儿童监护人有效明示同意的情况下，向具有相关浏览喜好的用户直接推送含有儿童个人信息的短视频，同时也没有采取技术手段对儿童信息进行专门保护。检察院认为，这些行为对不特定儿童的人身安全、生活安宁等造成潜在风险。儿童个人信息若被不法分子利用，可能产生严重后果，因此向法院提起了民事公益诉讼。

本案中的 App 能否直接处理儿童个人信息呢？十四岁以下的儿童在法律上还是无民事行为能力或限制民事行为能力人，心智未熟，日常生活还需监护人的照顾和保护。因此，根据《国家互联网信息办公室儿童个人信息网络保护规定》中的相关规定，网络运营者收集、使用、转移、披露儿童个人信息的，应当以显著、清晰的方式告知儿童监护人，并应当征得儿童监护人的同意。由此可见，对于儿童个人信息的处理，必须要征得监护人的同意。而本案中的 App 在未征得儿童监护人同意的情况下收集、存储并向其他用户披露儿童个人信息，显然违反了我国的相关法律规定。

该公司在被起诉后积极配合检察院的相关调查，并与其他法律专家与技术专家一道为公司的不合规之处寻求解决方案，制定了单独的《儿童个人信息保护规则》和《用户协议》、开发了儿童用户实名认证流程、增加了 14 岁以下用户实名认证一致性校验环节、对平台内高疑似度未成年用户实施主动保护、建立专门的儿童信息保护池、创建涉未成年人内容推送的独立算法等对儿童个人信息进行特殊保护的规则机制。检察院主要在 App 运营过程中的儿童用户注册环节、儿童个人信息收集环节、儿童个人信息储存使用和共享环节以及儿童网络安全主动性保护领域四大方面细化出了 34 项整改措施，并明确了落实整改措施的具体时间表。该公司表示将积极进行整改并落实，双方依法达成了和解协议。

检察院代表个人信息权利受到侵害的相关儿童用户提起公益诉讼，有利于督促与儿童个人信息相关的企业在合法合规的框架内经营，避免儿童个人信息被违法收集、利用和存储，切实维护保护儿童的个人信息以及发挥其监护人对儿童的保护作用。此外，此次案件中进行的技术、制度的创新和应用也有利于对其他涉及儿童个人信息的企业起到良好的示范和指导作用，促使对儿童个人信息保护的机制真正落到实处。

相关
法律条文
《个人信息保护法》第 31 条：个人信息处理者处理不满十四周岁未成年人个人信息的，应当取得未成年人的父母或者其他监护人的同意。

个人信息处理者处理不满十四周岁未成年人个人信息的，应当制定专门的个人信息处理规则。

37 银行未及时删除用户逾期贷款记录，如何维权？

张先生于 2009 年 9 月 29 日与一家银行签订了一份借款合同，借款合同约定借款金额为 27 万元。借款到期后，因张先生未按约及时履行还款义务，银行将张先生诉至法院，请求法院判决张先生归还借款。法院作出的支持银行的判决生效后，银行向法院申请了强制执行。在执行过程中，银行与张先生达成了执行和解，表示同意本案以张先生还款 17 万元，承担诉讼费和执行费后结案。据此，法院于 2011 年 12 月 26 日制作了《执结通知书》，告知双方当事人该案已"依法执行完毕"。2017 年 3 月，张先生在中国人民银行征信中心客户端查询其个人信用报告时，发现上述 27 万元贷款仍记载为 10 万元逾期状态，此外，报告说明载明：本报告不展示 5 年前已经结束的逾期及违约行为，以及 5 年前的欠税记录、强制执行记录、民事判决记录、行政处罚记录、电信欠费记录……2017 年 4 月，张先生向银行发函要求消除不良信用记录。银行则认为自己当时放弃部分实体权利是不得已而为之，最终的和解结果正是说明张先生并未诚实守信。由于张先生在强制执行后仍有 10 万元未归还，征信中心依据银行如实填报的还款情况，真实记载了张先生逾期 180 天未能归还本金 10 万元的事实，有法可依。因此银行拒绝消除上述征信情况，张先生遂将银行诉至法院，请求法院判决银行立即向中国人民银行征信中心提交他的逾期贷款已经协商处理终结，应予删除不良信用记录。

　　张先生是否有权要求银行消除其个人信用报告中的不良信用记录呢？首先，应该认识到张先生与银行在执行中达成和解，银行同意放弃 10 万元本金及利息是一种债务免除行为，自银行承诺放弃10 万元本金及其利息这部分债权之日起，银行就不再对张先生就 10万元本金及利息享有债权。征信报告中的"逾期"，指的是应当还款而没有还款的状态。因此，银行记载并向征信机构提供的张先生的案涉贷款余额处于逾期状态有误。

　　其次，根据《征信业管理条例》，征信机构对个人不良信息的保存期限，自不良行为或者事件终止之日起 5 年；超过 5 年的，应当予以删除。不良信息是指对信息主体信用状况构成负面影响的信息，例如信息主体在借贷、担保、租赁、使用信用卡等活动中未按照合同履行义务的信息，对信息主体的行政处罚信息，人民法院判决或者裁定信息主体履行义务以及强制执行的信息，以及国务院征信业监督管理部门规定的其他不良信息。张先生贷款逾期并且最终被强制执行当然属于不良信息。但需要注意的是，张先生的不良信息保持期限应自执行终结日即 2011 年 12 月 26 日起，自 2016 年 12月 26 日止。《征信业管理条例》之所以对不良信息规定 5 年的保持期限，目的在于让相关单位或机构了解该不良行为主体的征信情况。一方面督促不良信息主体在此后的活动中遵守诚实信用原则，另一方面也提醒相关单位或机构与该主体从事民事活动谨慎行事，其中就暗含着对不良行为个人的信用惩戒。至 2017 年 7 月 19 日张先生起诉时，其不良信息在征信机构保持的时间已经超过 5 年，受到了应有的信用惩戒，应当属于可删除的情形。因此，张先生有权要求银行消除其个人信用报告中的不良信用记录。

相关法律条文 《个人信息保护法》第 46 条：个人发现其个人信息不准确或者不完整的，有权请求个人信息处理者更正、补充。

个人请求更正、补充其个人信息的，个人信息处理者应当对其个人信息予以核实，并及时更正、补充。

38 利用考生信息实施电信诈骗，构成什么罪？

徐同学虽然家境贫寒，却努力求学，终于在 2016 年考取了南京某大学。南京某大学于 2016 年 8 月 17 日为徐同学办理了助学申请。次日，有一个电话打给徐同学，称有一笔助学金需要汇给她，让她去银行办理手续。对方在学校办理完助学申请第二天就联系了徐同学，再加上十分了解她的个人信息，这些巧合让刚刚成为准大学生的徐同学相信了对方的话，来到银行并按照对方的要求把自己卡里的 9000 元钱汇入对方所提供的账户。但是过了很久，她也没有收到对方的助学金汇款，等到徐同学再拨打电话时，对方已经不再接听。她这才知道自己被骗，立即去公安局报警。在回家途中，由于极度自责和抑郁，小徐心脏骤停去世。这一事件发生后，舆论哗然，人们纷纷惋惜这一年轻生命的离世，也激起了社会大众对于个人信息泄露的重视。案件发生后，公安部立即成立了专案组进行调查，抓获该犯罪团伙。2017 年 7 月 19 日上午，山东省临沂市中级人民法院以诈骗罪、侵犯公民个人信息罪等罪名，对诈骗团伙七被告人分别判处无期徒刑和有期徒刑。之后，山东省高级人民法院二审裁定驳回上诉，维持了原判。

违反了《个人信息保护法》，是适用行政处罚还是刑事处罚？

《个人信息保护法》第71条规定，违反《个人信息保护法》，构成违反治安管理行为的，依法给予治安管理处罚；构成犯罪的，依法追究刑事责任。这意味着因侵犯个人信息违法后，可能会面临行政甚至刑事处罚，根据违法情节严重情况，由法院进行裁决。

社会中的各种电话诈骗层出不穷，无数人因此受骗。而骗子可以得逞的一个重要原因就是骗子掌握大量的个人信息，可以针对不同的个人设计话术和骗局。在法律没有对于个人信息存在充分保护的时候，针对个人信息泄露现象，2015年《刑法修正案（九）》首先对于向他人出售、提供个人信息的行为进行了规制。经过多次的修改之后，2020年《刑法》第253条中明确规定了违反国家有关规定，向他人出售或者提供公民个人信息；窃取或者以其他方法非法获取公民个人信息的构成侵犯个人信息罪。本案中，犯罪分子获得个人信息的方式是购买高考学生个人信息，用于实施电信诈骗犯罪。犯罪分子既没有获得个人信息主体的同意，也没有将个人信息用于合法、正当的途径，违背了《个人信息保护法》的要求，同时也符合《刑法》第253条中"非法获取个人信息"行为，构成了刑事犯罪，应当按照《刑法》侵犯个人信息罪的规定进行处罚。

相关法律条文

《个人信息保护法》第71条：违反本法规定，构成违反治安管理行为的，依法给予治安管理处罚；构成犯罪的，依法追究刑事责任。

第二部分　热点编

1 你了解个人信息吗？

　　网络时代的到来，数字技术的飞速发展，连接了虚拟空间和现实社会。为了占据在大数据时代的优势地位，个人信息是不同互联网公司争抢的资源。我们下载一个 App 可能会被要求必须填写姓名、手机号，进公园参观也会被要求必须参与人脸识别，这些强制收集个人信息的行为让很多人感觉到不满。同时，信息泄露、网络诈骗等侵害个人信息安全的各种问题频发，让人们对于自己个人信息的安全感到担忧。个人信息的保护成了大众关心的热点话题。但是你真的了解个人信息吗？到底哪些信息属于个人信息，需要什么样程度的保护？个人信息和个人隐私是什么样的关系呢？

一、什么是个人信息？

　　确定个人信息的范围对于个人信息保护来说至关重要，目前我国不同的法律对于个人信息的定义各有不同。《民法典》第 1034 条对个人信息作出规定，个人信息是以电子或者其他方式记录的能够单独或者与其他信息结合识别特定自然人的各种信息，包括自然人的姓名、出生日期、身份证件号码、生物识别信息、住址、电话号码、电子邮箱、健康信息、行踪信息等。《民法典》对于个人信息的定义采取了概括加列举的方式。个人信息需要满足三个要件：一是个人信息是自然人的各种信息，企业和各类组织的信息不属于个人信息；二是个人信息是以电子或其他方式记录的；三是能够单独或与其他信息结合识别特定自然人。这强调个人信息是可以直接或间接识别出特定个人的，比如姓名或者身份证号码可以直接识别出特定的个人，而学生的学号却难以直接识别出特定个人，但是一个学生的学号与所处的学校这一信息相结合就可以间接识别出特定的个人，因此这些信息也属于个人信息。由此可见，《民法典》对于个人信息的判断采用的是"识别"这一路径。

《个人信息保护法》第 4 条规定，个人信息是以电子或者其他方式记录的与已识别或者可识别的自然人有关的各种信息，不包括匿名化处理后的信息。个人信息需要满足三个要件：一是个人信息是自然人的各种信息；二是个人信息是以电子或其他方式记录的；三是可识别的自然人有关的信息或已识别的自然人的相关信息。其中，"可识别的自然人相关的信息"指的是可以直接或间接识别出自然人的信息，一个信息如果可以识别出特定的个人，那么该信息必然是与该自然人相关，这一部分强调了个人信息的识别性；"已识别的自然人的有关信息"指的是已知特定的自然人，与该自然人相关的各种信息属于个人信息。这一部分强调了个人信息的关联性，也就是说，《个人信息保护法》采用了"识别＋关联"的路径。推荐性国家标准 GB/T 35273-2020《信息安全技术 个人信息安全规范》（以下简称《个人信息安全规范》）同样采用"识别＋关联"的路径，根据《个人信息安全规范》，判定是否属于个人信息的路径有两种：一是识别，即从信息到个人，由信息本身的特殊性识别出特定自然人，个人信息应有助于识别出特定个人。二是关联，即从个人到信息，如已知特定自然人，由该特定自然人在其活动中产生的信息（如个人位置信息、个人通话记录、个人浏览记录等）即为个人信息。相较于单一的识别路径，识别和关联相结合的路径大大扩大了个人信息的范围，比如一个人的网站浏览记录，要根据一个人的网站浏览记录识别出特定的个人十分困难，难以用识别路径将该信息归为个人信息。但是如果采用关联路径，网站浏览记录与已知特定个人相关，可以属于个人信息。《个人信息保护法》对于个人信息范围的扩大，将原来难以被认定为个人信息的个人通信记录、好友列表、住宿信息、病历记录等纳入个人信息的保护范围，更加有利于个人信息的保护。

二、个人信息的分类

（1）个人信息与非个人信息

《个人信息保护法》第 4 条规定，个人信息不包括匿名化处理后的个人信息。匿名化（anonymization）是指通过对个人信息的技术处理，使得个人信息主体无法被识别或者关联，且处理后的信息不能被复原的过程。由于难以确定到特定的个人，难以损害到信息主体，因此匿名化后的信息属于非个人信息。但哪些信息属于匿名化处理后的个人信息呢？在现实生活中，例如淘宝公司公布的"00后年轻人最爱买的10个商品"之类的统计类信息，由于难以确定到某个人，属于非个人信息。除此之外，《个人信息安全规范》规定，通过匿名化技术处理后的信息也属于非个人信息。在使用这些匿名化的信息时，个人信息处理者不必遵守《个人信息保护法》中对于个人信息处理者的诸多要求，比如知情同意原则、最小化原则、目的限制原则等。对于个人信息处理者来说，非个人信息的流动更加自由，处理非个人信息时需要遵守的要求也更少。

匿名化往往与去标识化相对，去标识化（de-identification）是指通过对个人信息的技术处理，使其在不借助额外信息的情况下，无法识别或者关联个人信息主体的过程。匿名化和去标识化这两种技术手段都可以使得处理后的信息无法指向特定个人，但是匿名化后的信息结合其他信息也无法指向特定个人，永远不能被复原为个人信息。而去标识化后的信息却可以，因此去标识化后的信息仍旧属于个人信息，信息处理者需要遵守个人信息保护的规定。去标识化的技术包括假名、加密、哈希函数等。比如假名指的是将"张伟、男、上海市徐汇区"这一个人信息转变为"A、男、上海市徐汇区"，假名后的个人信息在没有技术帮助下难以直接识别到具体某个人，可以用于个人信息处理者的信息储存、交换等场景。

（2）个人信息与敏感个人信息

除了对个人信息和非个人信息作区分之外，《个人信息保护法》专门在第二章第二节中规定了敏感个人信息的处理规则。处理个人信息时，个人信息处理者需要满足取得个人同意、具有明确合理目的等要求；处理敏感个人信息的，个人信息处理者需要满足取得个人的单独同意、具有特定的目的和充分的必要性的要求。可见，处理敏感个人信息时对于个人信息处理者的要求更加严格。

《个人信息保护法》第28条规定，敏感个人信息是一旦泄露或者非法使用，容易导致自然人的人格尊严受到侵害或者人身、财产安全受到危害的个人信息，包括生物识别、宗教信仰、特定身份、医疗健康、金融账户、行踪轨迹等信息，以及不满十四周岁未成年人的个人信息。敏感与否是一个非常主观的概念，但是《个人信息保护法》对于敏感个人信息的定义却采取从客观的角度，从该个人信息被非法处置可能对于其产生的危害性来进行判断。对于个人的危害性可以分为两种：一种是使得个人受到歧视，也就是使得个人受到不平等不公平的待遇，使得个人的人格尊严和基本权利受到损害。哪些信息容易使得个人受到歧视，与整个社会的文化传统、普遍价值观、风俗习惯都有着相关性。根据《个人信息安全规范》附录 B 的列举，比如个人病症、检验报告等个人健康生理信息或者宗教信仰、性取向、未公开的违法犯罪记录等，这些个人信息的非法使用可能导致个人在社会生活中遭受歧视。第二种是指可能导致个人人身、财产安全受到严重危害的个人信息。一些个人信息与个人财产安全密切相关，比如银行账户、存款信息、房产信息、信贷记录等个人财产信息；另外一些个人信息与人身安全密切相关，比如身份证、驾驶证、社保卡等个人身份信息，又比如基因、指纹、面部识别特征等个人生物识别信息。

由此可见，敏感个人信息对于保护个人人格尊严、基本权利和自由以及财产安全方面至关重要。区分一般个人信息与敏感个人信息，可以使得企业在进行个人信息保护时采取不同程度的措施。企业在处理一般个人信息时可以更加自由地流通和利用，而对于个人权利至关重要的个人敏感信息则更加注重信息安全的保护，需要采取更加严格的保护措施。这样的区分既可以减轻个人信息处理者的负担，同时也兼顾了个人信息保护，以实现个人信息处理者与个人利益的平衡。

三、个人信息与隐私

在现实生活中，个人信息与隐私的范围常常有所交叉，比如一个人的住所信息，属于个人信息，同时也属于个人隐私，我们经常把个人信息和隐私混淆，但这二者其实是独立的法律概念。《民法典》第1032条规定，隐私是自然人的私人生活安宁和不愿为他人知晓的私人空间、私密活动、私密信息。隐私的定义强调了隐私对于私人生活安宁的重要性，是个人不愿为他人知晓的空间、活动、信息。隐私并不一定是个人信息，它还包括私人空间、私密活动，比如擅自偷拍私人住宅、私人活动都属于侵害个人隐私，却不属于侵犯个人信息。个人信息也不一定是隐私，姓名属于个人信息，但是在大部分社会交往情况下，个人愿意披露自己的姓名，此时姓名并不属于隐私。

隐私权和个人信息权都属于人格权益，但是二者同时也有所不同。个人隐私权的重心在于防止个人秘密不被披露，属于消极的防御权利，权利人可以在隐私受到侵害的时候要求停止侵害或排除妨碍。法律对于隐私权的保护在于防止隐私的侵害，强调保护人格尊严。个人信息权除了意味着可以抵抗他人对于个人信息的侵害外，还意味着个人也可以更加主动地主张自己的权利，可以对个人信息进行利用，比如个人可以与App运营者签订用户协议授权对方使用个人信息，也可以要求更改、撤回、删除个人信息，个人有权利对于个人信息进行控制。法律对于个人信息的保护主要在于自然人对于个人信息的自决权。由此可见，法律对于个人的隐私和个人信息的保护重点并不相同。因此，在法律面对隐私和个人信息的重叠部分，也就是个人的私密信息时，《民法典》第1034条规定："个人信息中的私密信息，适用有关隐私权的规定；没有规定的，适用有关个人信息保护的规定。"可见当信息同时属于隐私和个人信息的私密信息时，《民法典》优先适用关于隐私权的规定，这体现了法律对于人格尊严的重视。

2 特斯拉引发的汽车数据安全问题

一、特斯拉到底怎么了？

2020年3月10日，工信部装备工业司针对特斯拉Model 3车型部分车辆"违规装配 HW2.5 组件"问题约谈特斯拉（上海）有限公司。并责令特斯拉（上海）有限公司按照《道路机动车辆生产企业及产品准入管理办法》有关规定立即整改，切实履行企业主体责任，确保生产一致性和产品质量安全。

2021 年 2 月 8 日，国家市场监管总局官网发布消息，国家市场监督管理总局与中央网信办、工业和信息化部、交通运输部以及应急管理部消防救援局，就消费者反映的异常加速、电池起火、车辆远程升级（OTA）等问题共同约谈了特斯拉汽车（北京）有限公司、特斯拉（上海）有限公司。

为何近年来特斯拉相关消息频频登上各大新闻头条，成为人们津津乐道的话题？为何短短一年内，特斯拉被政府部门约谈两次？这背后究竟隐藏着何种玄机？

二、弄潮儿？还是弄"嘲"儿？

据了解，特斯拉致力于智能网联汽车（以下简称"网联车"）的研发，此前更是有报道称其为"汽车智能化的弄潮儿"。根据《国家车联网产业标准体系建设指南（智能网联汽车）》中的定义，智能网联汽车是指搭载先进的车载传感器、控制器、执行器等装置，并融合现代通信与网络技术，实现车与 X（人、车、路、云端等）智能信息交换、共享，具备复杂环境感知、智能决策、协同控制等功能，可实现"安全、高效、舒适、节能"行驶，并最终实现代替人来操作的新一代汽车。简单来说就是"网联车 = 单车自动驾驶 + 网联式汽车"。

自动驾驶的情况下，汽车的安全运行往往依托于对车内驾驶环境和周围环境的综合判断。这一目标的实现，往往需要借助摄像头和雷达等设备采集并处理车内信息和周边环境信息。通过对这些信息的收集以及对收集数据的进一步处理，的确大大减轻了驾驶员的压力，使得车辆驾驶更加安全高效；但不可避免地也带来了侵犯隐私权、个人信息甚至国家安全的隐患。

关于隐私权的保护，主要规定在《民法典》人格权编，其中第 1032 条规定，自然人享有隐私权。任何组织或者个人不得以刺探、侵扰、泄露、公开等方式侵害他人的隐私权。同时第1033条规定了隐私权的"授权同意"保护规则，即除法律另有规定或者权利人明确同意外，任何组织或者个人不得实施侵犯个人隐私的行为，并详细列举了一些常见的侵犯隐私权的行为，包括："（一）以电话、短信、即时通讯工具、电子邮件、传单等方式侵扰他人的私人生活安宁；（二）进入、拍摄、窥视他人的住宅、宾馆房间等私密空间；（三）拍摄、窥视、窃听、公开他人的私密活动；（四）拍摄、窥视他人身体的私密部位；（五）处理他人的私密信息；（六）以其他方式侵害他人的隐私权。"

由于网联车在行驶过程中需要广泛收集周边环境信息，根据《民法典》的规定，如果未经权利人的同意，则极有可能会侵犯他人的隐私权。相较于车外的行人，由于网联车内部安置有摄像头，这些摄像头甚至可以清晰拍摄和记录司机在车内的一举一动，而私家车的一大优势就在于其属于私密空间，因此，如果汽车在事先未通知并取得用户同意的情况下收集用户信息，很可能会侵害到车内人员的隐私权。

三、是汽车？还是终极情报收集机器？

网联车可能会侵犯隐私权，或许还比较容易理解，但是如果说网联车会侵害国家安全，可能有人会觉得这是不是太夸张了？

可以很肯定地说，这绝非是夸大其词。就在2021年5月25日晚，特斯拉官方微博发文称，"很荣幸与业内专家就《汽车数据安全管理若干规定（征求意见稿）》展开研商，我们坚定支持行业的规范化发展"。同时表示，汽车数据安全非常重要，坚信统一规范管理将更有利于智能汽车的有序长远发展。特斯拉将尽一切努力来贯彻执行汽车数据安全管理工作，确保数据安全。

在数据储存这一问题上，目前多个文件都强调了这样的一个原则：数据本地化。

　　《汽车数据安全管理若干规定（征求意见稿）》第12条规定："个人信息或者重要数据应当依法在境内存储，确需向境外提供的，应当通过国家网信部门组织的数据出境安全评估。我国参与的或者与其他国家和地区、国际组织缔结的条约、协议等对向境外提供个人信息有明确规定的，适用其规定，我国声明保留的条款除外。"此外，《个人信息保护法》第10条也对个人信息的处理作出了禁止性规定，表明任何组织、个人不得非法收集、使用、加工、传输他人个人信息，不得非法买卖、提供或者公开他人个人信息；不得从事危害国家安全、公共利益的个人信息处理活动。

　　前文已经提到，智能网联车往往会借助摄像头和雷达等设备采集并处理车内信息和周边的环境信息。一方面，由于个人的行车路线重合度比较高，会使得网联车能够对车主当地的自然环境和各种设施，如地形、气候、交通、基础设施、居住社区、工作场所等进行长期的信息采集，从而获取大量的地理信息；另一方面，随着计算机分析运算能力的不断加强，在对大量数据进行处理后，将会形成对整个区域的测绘结果，而这很可能使得网联车成为一个终极情报收集机器！一旦这些敏感信息被泄露出去，很可能会危及国家安全。

　　自古以来，地理信息一直被各国视为"国之重器"，不可予人。绘制敌方地图则被认为是准备战争的"必修课"，奉送己方地图则是割让城池的"见面礼"。因此，各个国家都格外重视测绘行为。我国《测绘法》第8条规定，外国的组织或者个人在中华人民共和国领域和中华人民共和国管辖的其他海域从事测绘活动，应当经国务院测绘地理信息主管部门会同军队测绘部门批准，并遵守中华人民共和国有关法律、行政法规的规定。外国的组织或者个人在中华人民共和国领域从事测绘活动，应当与中华人民共和国有关部门或者单位合作进行，并不得涉及国家秘密和危害国家安全。

　　自从确立了要建设"汽车强国"的目标后，在国家的大力支持下，网联车的发展非常迅速。发展是目标，但也要严守国家安全这条底线。虽然在现在看来，网联车的数量比较少，还达不到危害国家安全的程度。但应防患于未然。因此，防止这一隐患最有效的方式就是限制数据出境，使数据本地化。

3 App 收集个人信息应有度
——以"小林的一周"为例

星期一

7:00 小林从睡梦中醒来，首先解锁了手机，在微信登录中输入了自己的手机号码、账号（移动电话号码、账号、即时通信联系人账号列表），登录看看自己有没有新的消息通知，结果发现自己另一套房子的租客小周告诉自己不再续租了。小林只好一边吃早餐一边到手机应用市场看看有没有合适的租房 App。登录手机的应用市场并下载 App 不需要小林提供任何个人信息就可以实现。小林发现了一个名叫安居客的 App，于是小林打算注册安居客 App 来发布自己的待租房源信息，在这个过程中，小林只需要提供自己的手机号码和房源的基本信息，基本信息包括：房屋地址、面积/户型、期望租金。此外，小林还在考虑要不要等小周搬走后把房子再整修一遍，于是小林又登录了好慷在家 App，购买了家电清洗和专区清洁服务，在使用此类提供家政维修、家居装修、二手闲置物品交易等日常生活服务的 App 时，小林只需提供自己的手机号。

8:00 小林准备出门上班了，因为今天天气不好，小林打算打车上班，她打开了滴滴出行 App，在提供网络预约出租汽车服务的 App 中，用户只需提供注册用户移动电话号码；乘车人出发地、到达地、位置信息、行踪轨迹；支付时间、支付金额、支付渠道等支付信息就可以使用其基本功能。

9:00 小林到达了公司。她在手机上登录邮箱看看有没有新的工作邮件。在这个过程中，小林打开浏览器、使用输入法都不需要提供任何的个人信息。而进入邮箱查看邮件，只需要小林提供自己的手机号。小林在新收邮件中看到了自己的接下来的工作安排，发现马上就有一个视频会议，主要是关于小林及其同事接下来的工作安排。

9:30 小林通过手机上的腾讯会议 App 进入了会议，在注册和登录 App 的过程中，小林需提供自己的手机号码。

11:30 午休时间，小林登录饿了么 App，为自己点了一份健康的轻食，在下单过程中，小林提供的个人信息限于手机号码、收货人的名称、地址、联系电话、支付信息如支付时间、金额和渠道。在支付过程中，小林选择的付款方式为花呗支付，花呗作为提供通过互联网平台实现的用于消费、日常生产经营周转等的个人申贷服务的一款 App，收集的个人信息包括注册用户的手机号、用户的姓名、证件类型及号码、证件有效期、银行卡号。吃完饭，小林又埋身于工作之中。

19:30 小林下班回到家中。小林对今天的工作复盘，对接下来自己的工作安排不是很满意，想看看市场上有没有其他合适的工作机会。于是小林注册了前程无忧 51job App，在注册和使用该 App 提供的"求职招聘信息交换"服务的过程中，小林需提供自己的手机号和简历。

21:30 小林在浏览了许多工作的招聘要求后，发现自己还需提高一下自己的英语口语水平。但考虑到自己日常工作繁忙，线上学习也许是个不错的选择。于是小林从应用市场上下载了开言英语 App，看看效果如何。在使用此类学习教育类 App 时，小林只要提供自己的手机号码即可。

22:30 小林进入今天的休闲时间，她先后打开了抖音、今日头条、QQ 音乐、虎牙直播、起点读书等短视频类、新闻资讯在线影音类、网络直播类以及电子图书类 App 查看自己关注的话题和领域的更新，在使用上述类型的 App 中，小林不需要提供任何的个人信息。

23:30 小林进入了梦乡。

星期二

7:00 小林准时起床，发现外面依旧在下雨，今天只好再打车上班了。小林叹了口气，萌生出了要不自己直接买台二手车的想法。于是小林下载了瓜子二手车 App，想先了解一下二手车的市场情况。作为买家，小林需要提供自己的手机号、姓名、证件类型和号码。对于卖家来说，还需要上传自己的车辆行驶证号和车辆识别号码。

　　9：00 小林到达了公司。小林首先需要将送货单和发票寄给客户，于是她向顺丰快递下了单，在填写相关表单的过程中，小林需要提供自己作为寄件人的姓名、电话号码、地址，同时还需要提供收件人的姓名（名称）、地址和联系电话以及所寄物品的名称、性质和数量。寄完快递不久后，小林得到通知，需要明天和同事一起前往客户公司所在地出差两天。于是小林打开了手机上的飞猪 App，订购往返的机票。在这一过程中，飞猪收集了小林的手机号、姓名、证件类型及号码、旅客类型；小林的出发地和目的地、出发时间、航班号和舱位登记、座位号（如有）；小林的支付时间、支付金额和支付渠道等支付信息。买好机票后，小林又继续预定当晚需要入住的酒店，在这个场景下，App 收集了用户的手机号、住宿人姓名和联系方式、入住和退房时间以及入住酒店名称。

　　晚上小林在收拾行李时，接到了父母的电话。父母劝小林扩大交际圈，不要只忙于工作，早日找到男朋友。小林很无奈，横下心来直接下载了世纪佳缘 App，在注册登录婚恋相亲类 App 过程中，小林需要提供自己的电话号码、性别、年龄、婚姻状况等信息。

星期三、四

　　出差中……

星期五

　　上午，由于不适应出差地的气温，小林感冒了。小林发现家中感冒药都已经过期了，于是马上从淘宝上下单了家中常备的感冒药。在使用网上购物类 App 时，小林需要提供自己的手机号、收货人姓名（名称）、地址、联系电话、支付时间、支付金额、支付渠道等支付信息。工作繁忙，小林决定使用平安健康 App 线上向医生咨询，在使用过程中，小林需要提供自己的手机号和病情描述。在咨询过后，考虑到小林的病情描述，医生建议小林还是去线下门诊进行进一步检查。于是小林关注了本地医院的公众号并进入了该医院的小程序，在线上预约挂号的过程中，小林需要提供自己的姓名、证件类型和号码，以及预约挂号的医院和科室。在预约挂号完成后，小林向公司请了一下午的假前往医院看病。

下午，小林看完了门诊，所幸并无大碍，只是普通感冒。小林决定加强锻炼提高免疫力，于是她从应用市场上下载了 Keep App，为自己的健身训练计划提供指导。在制订计划时，小林考虑到自己在生理期往往疼痛难忍，需要把这段时间空出来不进行锻炼。于是她打开了美柚 App 查阅自己历史和预测的生理期时间，确保自己在这段时间得到充足的休息。在使用上述运动健身类和女性健康类 App 中，小林不需要提供任何的个人信息。制订完健身计划，小林接到了好朋友小王的电话，小王约小林周末要不要去附近的森林公园来个一日游，小林欣然同意。考虑到森林公园地处郊区，交通不便，小林和小王决定租车自驾前往，小王把悟空租车 App 推荐给小林，小林决定体验一番。在使用悟空租车 App 提供的服务中，小林需要提供自己的手机号、证件类型和号码，驾驶证件信息，支付时间、支付金额、支付渠道等支付信息，以及使用共享单车、分时租赁汽车服务用户的位置信息。

晚上，为了确保明天的森林公园之旅有更好的体验，小林首先打开百度地图 App，在提供了自己的位置信息、出发地和到达地后，确认了行车路线和时间。接着小林又从携程 App 中提前购买了电子门票，小林在购票过程中提供了自己的手机号、目的地、旅游时间；出行人姓名、证件类型和号码、联系方式等个人信息。然后小林又登录了豆瓣 App，想看看已经去过的人介绍的游玩经验，豆瓣需收集小林的手机号码即可使用。最后，小林通过使用墨迹天气 App，确认了明天是个大晴天。以天气、日历、计算器、文件传输等为代表的实用工具类 App，均不需收集任何个人信息即可使用。睡觉前，小林玩了一把王者荣耀，在登录运行网络游戏类 App 时，小林只需要提供自己的移动电话号码。

星期六

小林终于与好久不见的好友小王见面了，在驱车到达森林公园后，两人先拿出手机拍照留念。在小王的推荐下，小林下载了 B612 咔叽 App，据说美颜功能非常强大，小林拍了几张，果然不错。在使用美颜相机的过程中，小林不需要提供任何个人信息。

日头渐高，两人决定在附近找家餐厅吃饭。在吃饭过程中，两人谈天说地十分开心。聊起近况，小王十分自得地拿出了手机，打开了 e 海理财 App，给小林展示了一下自己最近的理财收益。小林看后十分动心，决定也试试水。小林先登录了自己手机上的中国银行 App 查看了一下自己的银行账户余额，在使用手机银行类 App 时，小林需要提供自己的手机号，姓名，证件类型、号码及有效期、影印件，银行卡号码以及银行预留的手机号。向小王请教过后，小林决定定投基金。小林也下载了 e 海理财 App，在注册过程中，小林需要提供自己的手机号，姓名，证件类型、号码及有效期、影印件，资金账户，银行卡号或支付账号。为了确保手机的运行安全，小林使用手机安全管家 App 对自己的手机进行了一次扫描和深度清理。在使用安全管理类 App 时，小林不需要提供任何关联信息。

饭后，小林向小王提及下周在大剧院有场音乐会，约小王一起去看。小王欣然同意，于是小林从大剧院的官方公众号的小程序中在线购票，购票过程中小林提供的个人信息包括自己的手机号，观演场次、座位号（如有），支付时间、支付金额、支付渠道等支付信息。

4 如何读懂隐私政策？

2021 年 2 月，上海市通信管理局查处了一批侵害用户权益和违法违规收集使用个人信息的 App。公开资料显示，涉及处罚原因以"未提示用户阅读隐私政策""未公开收集使用规则""没有成文的隐私政策，用户协议未向用户告知个人信息的收集、使用规则及其权利义务、法律责任"及"未明示收集使用个人信息的目的、方式和范围"等为主。

上述处罚原因可以总结为违反"公开透明原则"，即个人信息处理者应当遵循公开、透明的原则，公开个人信息处理规则，明示处理的目的、方式和范围。该原则在我国法律中已有多处规定，如《民法典》第 1035 条、《网络安全法》第 41 条、《信息安全技术　个人信息安全规范》第 4 条、《个人信息保护法》第 7 条。"公开透明原则"在实践层面通常体现为，App 运营者应当以显著方式、清晰易懂的语言向用户公开个人信息处理规则，通常表现为"隐私政策"。

那么，一份隐私政策应当包含哪些内容呢？根据现有相关法律法规，《信息安全技术　个人信息安全规范》对隐私政策的规定与说明最为详细。其中，隐私政策的内容应包括但不限于：

- 我们的身份和联系方式；
- 业务功能的个人信息收集使用规则；
- 我们如何保护您的个人信息；
- 您的权利；
- 我们如何处理儿童的个人信息；
- 您的个人信息如何在全球范围转移；
- 本政策如何更新；
- 如何联系我们。

如今，为落实法律法规要求，撰写、发布隐私政策成为 App 运营者公开收集使用个人信息规则的主要措施，打开 App 后首先看到隐私政策几乎成了标配。然而，目前绝大多数 App 的隐私政策，动辄上万字，且其内容大多晦涩难懂。根据《财经》E 法报告，中国多款公众熟知的 App，其条款动辄上万字：微信的《软件许可及服务协议》全文 9192 字，微信的《使用条款和隐私政策》亦有 4357 字；淘宝的《软件许可使用协议》为 4646 字，其《隐私权政策》高达 17926 字；B 站的《用户使用协议》为 10399 字，《隐私政策》达 20288 字。很多条款冗长的原因在于平台业务往往十分复杂，为了符合监管和执法机构对隐私政策的要求，就需要非常详尽的描述。并且，从目前的监管实践来看，很少有监管部门指出某一家公司的隐私政策太长、太多，一般都是针对未告知或告知不充分的情况进行通报，这也就不难理解为什么隐私政策会越写越长。

有专家研究发现，认真读完一款 App 的隐私政策，平均耗时 40 多分钟。在这样的背景下，绝大多数用户没时间也没耐心读完 App 的隐私政策就直接点击"同意"。很多用户点击了"同意"，但其实并不知道究竟"同意"的内容具体是什么。用户反感难读、冗长的条款，这是一个"全球性"的问题。2020 年，加拿大约克大学（York University）的两位教授做了一个实验：他们让 543 名大学生使用一款虚构的社交软件"NameDrop"。实验表明，有四分之一的实验对象甚至没有耐心浏览这款软件的用户条款；另外四分之三的实验对象用于浏览用户条款的时间均不超过一分钟。这也导致无人发现条款的一个"致命漏洞"：条款第 2.3.1 段规定，一旦同意，这款应用的使用者"将把自己的第一胎孩子交给公司"。

那么，作为用户应当关注隐私政策中的哪些重点呢？

第一，查看隐私政策的发布 / 生效日期。作为公开的规则，如果无法进行透明化的内容变更和有序的版本管理，隐私政策的公信力恐怕要大打折扣。此外，随着法律法规的不断出台和规则的细化，对隐私政策提出了更多要求，产品也会因为更新换代在个人信息收集使用规则上有所变化，因此，隐私政策的适时、合理更新也是一种个人信息保护工作得到重视和常态化的体现。

第二，查看业务功能以及收集的个人信息。根据《常见类型移动互联网应用程序必要个人信息范围规定》，不同种类 App 仅能收集保障其基本功能服务正常运行所必需的个人信息。因此，用户需要关注 App 收集的个人信息是否符合具体业务功能，以及是否超过必要的个人信息范围。

第三，查看阅读加黑、加粗等内容。隐私政策通常会对提及的个人敏感信息通过加黑、加粗、下划线等显著方式进行标识，以强调内容的重要性，用户可以通过查看该部分内容迅速判断个人敏感信息是否可能被强制、过度收集。

第四，查看个人信息存储及出境情况。个人信息是否被存储、如何存储、存储多久是非常关键的个人信息处理规则，如果用户的个人信息被超期存储，则泄露、滥用、违法对外提供等风险将显著增加。另外，个人信息是否存在出境情形是应该被高度关注的重点，如是否涉及出境？是所有个人信息出境还是个别情形下出境且涉及部分个人信息？

第五，查看个人信息是否向第三方提供。与个人信息存储规则一样，个人信息是否会向第三方提供，提供的目的是否与业务功能密切相关，是应当关注的重点。尤其是需要关注是否存在与业务功能无密切关联但还是会被提供给第三方的情形，或者会被不间断地、长期地向第三方提供的情形。一旦存在上述情形，则个人信息被滥用的风险将会增加。

第六，查看是否可关闭或退出定向推送机制。App 使用用户画像的方式对用户提供精准推荐、定向推送等服务的现象非常普遍，根据相关标准和技术规范，隐私政策中应当说明用户画像的应用场景和可能对用户产生的影响。除此以外，越来越多的 App 提供了不同形式的关闭或退出定向推送机制的功能，用户可通过查阅隐私政策了解是否提供该类功能，从而根据自己的需求灵活选择。

第七，查看用户拥有的权利。通常，隐私政策中会提下用户的权利，浏览隐私政策时，可查找是否在内容中提及。比如，当用户在购物网站完成交易后，想删除相关购物信息，查看隐私政策中"更正或删除个人信息"的相关内容，获知具体方法。再比如，当用户决定账号不再使用时，如不注销，则绑定的姓名、手机号、身份证号、地址等个人敏感信息会长期保留，是否会被滥用或泄露将是个未知数。通常，用户可以查看隐私政策中关于用户注销账号的步骤等内容。如果隐私政策未提及注销账号，则该 App 很有可能未提供该功能，注册使用该 App 则可能面临无法注销账户的问题。

第八，查看投诉举报渠道。App 建立有效的投诉举报渠道，及时处理用户的投诉建议，是对用户负责任的一种重要体现。如果 App 未能提供投诉举报渠道，一旦个人信息方面出现问题很难得到响应和解决。

看完以上八点，相信用户已经对隐私政策有了一个大概的了解。如果只是阅读这些关键内容，可以较快地浏览完隐私政策，得出对于 App 的基本印象。如果找不到这些内容，或内容过于粗糙，恐怕其隐私政策的质量就要打个问号，这个 App 该不该下载使用也需要再衡量。当然，即便隐私政策具备以上内容，也只是在完备性上有所体现，而个别 App 还是会在形式完备的表象下，具有潜在的风险雷区。

除了用户主动关注隐私政策内容之外，已有少数企业开始通过创新方式回应用户个人信息的保护需求。比如苹果 iOS 系统在 2021 年推出的隐私新政措施："隐私营养标签"（Privacy Nutrition Label）——苹果应用商店中每个 App 旁边将增加强制性标签，列举该应用收集的用户数据类型，类似于食品包装上的营养成分标签。在该政策下，苹果手机用户能够明确知晓其使用的 App 提取了自己的哪些个人信息以及如何利用这些个人信息。苹果新政确实能较好地提升用户对应用程序如何收集和利用其个人信息的知情及了解，但能否解决当前隐私政策的困境还有待观察。

5 个人信息质量也需要合规

2020 年 5 月 9 日，中国银保监会公开了一批罚单，8 家银行共被罚了 1770 万元。银保监会出具的行政处罚决定书中表明，监管标准化数据报送出现漏报、未报和错报的问题是这几家银行被处罚的主要原因。

一、司法实务界的探索

数据准确性原则的解释和适用并未在国内学界进行过大范围的讨论。但在2019年蚂蚁金服诉企查查一案的判决书中，实务界迈出了对数据准确性原则的解释探索的第一步。2019年5月5日至6日，企查查平台向其付费VIP用户多次推送蚂蚁微贷公司虚假或误导性清算变动信息的通知和监控日报，造成"蚂蚁微贷进入清算程序"等不实信息被媒体广泛报道，有关蚂蚁微贷公司的经营状况和"蚂蚁花呗"产品运营情况的错误信息呈几何式扩散，各大搜索引擎相关搜索结果近2000万条。因此，蚂蚁金服认为被告朗动公司实施了捏造、散布关于蚂蚁微贷公司虚假信息的行为，且存在明显的主观过错，使得相关公众产生误解，给原告"蚂蚁花呗"的产品声誉造成难以弥补的损失。后蚂蚁金服以不正当竞争为案由将被告朗动公司诉至人民法院。值得注意的是法院在说理过程中，运用了数据准确性原则来论证朗动公司存在不正当竞争行为、损害后果以及主体主观过错。此次判决论述中，可以抽象出法院对数据准确性原则的解释。

在法院论述朗动公司存在不正当竞争行为过程中，依据国家网信办及各行业协会先后出台的行业自律性文件，明确了"数据提供者在过程中应注意对数据来源进行甄别和验证，保证数据的合法性、真实性和有效性等相关要求"。

在论述本案原告损害后果过程中，法院明确"企查查平台推送的针对蚂蚁微贷公司的清算信息引发了大量媒体报道，给公众造成了蚂蚁微贷公司面临清算的误导。因此，朗动公司的行为损害了经营者的声誉，造成了市场参与者和关联方的信息误导，可能损害各方参与者的合法利益"。

在朗动公司主观存在过错的论述中，法院指出："互联网征信企业作为一种互联网经济下新兴的商业模式，对于收集、发布的数据信息仍具有基本的注意义务，应当通过技术的革新和完善，确保数据的真实、及时、准确，才能为市场主体的投资行为提供可信赖的、具有公信力的企业信息。"法院另论述了主体在采集、发布信息过程中应当遵循的四大基本原则:"(一)数据来源合法原则。(二)注重信息时效原则。(三)保障信息质量原则。(四)敏感信息校验原则。"法院解释:"时效性分为两个层次,一是信息更新的及时性,二是信息变动时间的准确性。更新的及时性为互联网征信机构带来竞争力,信息变动时间的准确性则兼顾信息主体企业利益。"信息质量应当包括推送信息的真实、准确和完整。

总结法院以上论述,可以看出,实务中认为的数据准确性原则主要包含以下内容:

(1)在过程中:个人信息处理者在数据处理生命全周期中保证数据合法、真实、准确、完整,注重信息时效性。

(2)在结果上:确保信息不会误导公众。

在合理把握数据准确性原则的基础之上,应当注意适用数据准确性原则过程中主体的注意义务与数据的敏感程度成正比,法院应依据具体情况把握数据准确性原则的要求。

数据质量问题近几年来层出不穷,逐渐在国内外引起广泛重视。一些重要的信息,例如反映企业经营状况的信息等一旦发生错误而后又被广泛传播,往往会给数据主体造成严重的人身财产损害。为保护信息主体人身、财产权利,保证数据质量,我国的《个人信息保护法》设置了数据准确性原则以及个人信息权利的更正权条款。《个人信息保护法》中第8条提到的数据准确性原则规定:"处理个人信息应当保证个人信息的质量,避免因个人信息不准确、不完整对个人权益造成不利影响。"当个人信息不准确时,根据《个人信息保护法》第46条的规定,个人有权请求个人信息处理者更正、补充,个人信息处理者应当对其个人信息予以核实,并及时更正、补充。虽然《个人信息保护法》第8条、第46条规定了数据准确性原则以及数据不准确时的个人救济方式,但法律似乎并未对数据准确进行定义。

二、国外有关数据准确性原则研究

国外法律对数据准确性问题的回应在欧盟的《通用数据保护条例》中有所体现，该条款明确要求数据处理者处理数据要准确及及时更新。[①] 国外 ICO 组织对该条进行了相关解释，数据准确性原则要求个人信息处理者采取合理的措施保证个人信息的准确性和及时性，保障用户更正权和删除权的行使。该原则主要为个人信息处理者施加了四个方面的内容：一是要求其采取合理措施保证一切个人信息的准确性。二是要求其保证个人数据的来源和状态清楚。三是要求其谨慎应对与个人信息准确性相关的风险。四是要求其定期更新个人信息，确保其及时性与真实性。[②]

国外法律在探讨数据质量问题时，屡屡提到数据质量、准确等字眼，然而并未在相关法律明确其定义。但解决这个问题是十分关键且必要的，因为数据质量或是数据准确的范围将直接决定个人信息的更正权及删除权的行使范围。

经查阅有关国内外对准确、数据质量有关规定发现，已有有关机构从反面对其进行了文义解释。该机构观点认为当该信息错误或会产生误导时，该信息就是不准确的。[③] 第 29 条工作组（现在的 EDPB）及一些国外学者从正面定义和解释了数据准确，其认为数据准确就是事实问题的准确。[④] 信息的不准确指的是该信息客观上不准确或是与现实不相符合。准确性的判断依赖

---

① GDPR, art 5（1）（d）j art 5（2）; Directive 2016/680 and Regulation 2018/1725, art 4（1）（d）.

② https://ico.org.uk/for-organisations/guide-to-data-protection/guide-to-the-general-data-protection-regulation-gdpr/principles/accuracy/.

③ https://ico.org.uk/for-organisations/guide-to-data-protection/guide-to-the-general-data-protection-regulation-gdpr/principles/accuracy/.

④ Article 29 Working Party, "Guidelines on the implementation of the Court of Justice of the European Union judgment on 'Google Spain and Inc v Agencia Espanola de Proteccion de Datos（AEPD）and Mario Costeja Gonzalez' C-131/12"（WP 225, 26 November 2014）, 15.

于处理目的与文本环境，足够准确的数据才能够实现处理目的，但准确的范围并不仅仅局限于此。① 关于数据准确性原则是否适用于非事实问题，例如一些观点或是推论是否也应当受到准确性原则的约束，国外尚未有定论。一部分学者认为观点、推论等无法做到准确，一部分学者却认为观点或是推论仍然属于个人信息，应当受到数据保护法的保护。② 还有观点表示，对数据准确性原则的理解不应当局限于信息内容的准确，还应当延伸至数据的处理过程的准确，比如对数据的解释、组合、格式以及认知的准确。③

　　有关数据准确性原则的内涵与外延，国内外立法以及司法实务目前均在探索过程中。对于"数据准确"的理解也不是一成不变的，而是应当适应时代和科技的进步，基于对信息保护的力度对其范围进行一定程度上的调整。

6 个人信息不可任意处理

　　对个人信息的处理包括了对个人信息的收集、存储、使用、加工、传输、提供、公开、删除等行为，非法处理可能对信息主体的个人信息权益造成负面影响。因此，个人信息处理者不能任意处理个人信息，必须在法律规定的框架

---

① Gonzalez Fuster（n 4），88. She also traces this purpose dependence back to the 1980 OECD Guidelines on the protection of privacy and transborder flows of personal data and to the Council of Europe Convention 108.

② Dara Hallinan and Frederik Zuiderveen Borgesius，Opinions can be incorrect！In our opinion：on data protection law "s accuracy principle" [2020] 10（1）International Data Privacy Law；Thomas Hoeren，"Big data and the legal framework for data quality" [2017] International Journal of Law and Information Technology，35；European Data Protection Supervisor，"Guidelines on the Rights of Individuals with regard to the Processing of Personal Data" 25 February 2014，18；Herbst（n 2），p. 430，para 8；Peuker（n 2），p. 474，para 7.

③ Diana Dimitrova，FIZ Karlsruhe—Leibniz Institute for Information Infrastructures and VUB/LSTS，The Rise of the Personal Data Quality Principle. Is it Legal and Does it Have an Impact on the Right to Rectification？

内进行。根据《个人信息保护法》的规定，个人信息处理者只能在下列情形中才可以处理个人信息：取得个人的同意；为订立、履行个人作为一方当事人的合同或者按照依法制定的劳动规章制度和依法签订的集体合同实施人力资源管理所必需；为履行法定职责或者法定义务所必需；为应对突发公共卫生事件，或者紧急情况下为保护自然人的生命健康和财产安全所必需；为公共利益实施新闻报道、舆论监督等行为，在合理的范围内处理个人信息；依照本法规定在合理的范围内处理已公开的个人信息；法律、行政法规规定的其他情形。

一、取得个人的同意

同意是个人信息处理者进行个人信息处理活动所适用的最广泛的合法性基础，个人信息处理者通过向个人信息主体取得同意，进而建立起信息主体的信任感和参与感。同意对于个人信息主体来说应该是自由的，信息主体可以选择和控制信息处理者处理个人信息的方式。同意也应该是明确的，必须简洁易懂、易于理解，不受其他条款和条件的影响，且适用选择加入而非选择退出的模式。此外，它没有固定的时限要求，要结合具体情况和处理者的目的和处理活动进行判断。

二、为订立或者履行个人作为一方当事人的合同或者按照依法制定的劳动规章制度和依法签订的集体合同实施人力资源管理所必需

为订立或者履行个人作为一方当事人的合同所必需包括两种情形：第一种情形是履行个人作为一方当事人的合同所必需，比如小顾在淘宝上购买了一件衣服希望邮寄到家并用支付宝付款，为了完成这个买卖合同，淘宝必须要获取小顾的地址信息和支付信息。第二种情形是为订立个人作为一方当事

人的合同所必需。例如，小林打算给自己买一份医疗保险，在经过一番搜索后，她关注到了某保险公司推出的一款"人人平安"百万医疗险。为了测算自己的保费，她需要提供性别、出生年月、疾病史等相关个人信息。在这个场景中，小林并没有与保险公司订立保险合同，但是保险公司为了响应小林测算保费来决定是否购买保险的需求，需要收集小林的个人信息。

在第一种情形下，需要注意的是，仅仅把"必需"二字写入与信息主体的合同中是不够的，而要从个人信息处理者的处理目的出发进行考量。处理者首先要明确在具体合同中处理个人信息的目的，并且必须明确清晰地告知信息主体，这也是处理者遵循公开透明原则的要求。在明确处理目的后，就要综合事实情况和目前的技术状况进行评估，考虑有没有其他收集更少个人信息达到同样目的的方式。如果有，则说明并不符合法律的必需性要求，只是能够达到目的并非合理的理由，具体的处理方式必须是能够达到处理目的中对个人信息主体干扰最小的一种。反过来说，个人信息处理者应该能够证明如果个人信息主体没有提供所需的信息，处理者就无法履行与之订立的合同。在评估过程中，我们可以考虑一些问题，例如提供给信息主体的服务的性质是什么，有什么特点？订立的合同中的关键要素有哪些？合同双方对于所订立的合同的共同期待是怎样的？任意一个普通的信息主体在接受这种服务时，是否能够合理地预期并认可这种处理活动是必要的？例如，如果小顾在淘宝上购买了衣服后选择了"门店自提"，在这种情况下，获取小顾的地址信息则不再满足"必需"的要求。

在第二种情形下，为了促成合同的订立，在订立合同前预先处理信息主体的个人信息应是必需的。在这个阶段，最终双方是否订立合同还不确定，但只要是个人信息主体主动发起请求而处理活动是满足个人信息主体的请求必需即可；个人信息处理者自发地进行的市场营销或是其他第三方的请求都不适用于本情形。

此外，个人信息处理者还可为实施人力资源管理，按照依法制定的劳动规章制度和依法签订的集体合同进行个人信息的处理。这项合法性基础主要存在于雇主处理员工个人信息的场景之下，使得雇主处理员工信息在获得员工同意、为履行和订立劳动合同之外多了一项理由，即在合法有效的劳动规章和集体合同下为实施人力资源管理可以在未取得员工同意、劳动合同等已签订的合同未约定的情况下处理员工的个人信息。需要注意的是，"人力资源管理所必需"本身具有不确定性，是否为实施人力资源管理所必需应当结合具体情况具体分析。

三、为履行法定职责或者法定义务所必需

个人信息处理者在履行法定职责或承担法定义务时，也可以处理个人信息。法定职责和法定义务来源于法律、行政法规、部门规章、地方性法规等多种法律渊源，这种法定职责和法定义务并不需要明确到具体的处理活动，只要达到负有法定职责和法定义务的个人信息处理者能够预见到的程度即可。

此项合法性基础适用的场景繁多，例如根据《民事诉讼法》的相关规定，人民法院有权向有关单位和个人调查取证，有关单位和个人不得拒绝。因此，当法院经律师申请向某银行发出调查令寻找被执行人的财产线索时，该银行有义务进行配合。再如根据《反洗钱法》和《金融机构反洗钱和反恐怖融资监督管理办法》等规定，金融机构具有反洗钱的义务，需要建立客户身份识别制度，在办理的单笔交易或者在规定期限内的累计交易超过规定金额或者发现可疑交易的，应当及时向反洗钱信息中心报告。

四、为应对突发公共卫生事件，或者紧急情况下为保护 自然人的生命健康和财产安全所必需

当突发公共卫生事件时，为了保护人民的生命健康，个人信息处理者可以处理个人信息。例如，在新冠疫情期间，小黄在上海的大学读书，学期结

束小黄乘坐高铁返回山东老家。刚到家,他就接到了来自当地公安局的电话,询问他的出发地、行程安排、身体状况信息,并督促他尽快到指定地点接受核酸检测。再比如,小红在开车过程中不幸发生车祸,在路过的群众报警和拨打120后被急救车紧急送往了医院。小红在急救车到达之前已经丧失了意识,无法主动向医生提供自己的个人信息、过敏史、相关病史等关键信息。在这种紧急情况下,医生可以未经小红同意,获取她的个人信息以更顺利地实施抢救。

五、为公共利益实施新闻报道、舆论监督等行为,在合理的范围内处理个人信息

该情形与《民法典》第999条相对接:"为公共利益实施新闻报道、舆论监督等行为的,可以合理使用民事主体的姓名、名称、肖像、个人信息等;使用不合理侵害民事主体人格权的,应当依法承担民事责任。"值得注意的是,"合理范围"具有不确定性,需要结合具体案情,对个人信息的利用方式,对个人信息主体的权益所造成的影响,以及主要报道内容等因素综合考量。

六、依照《个人信息保护法》规定在合理的范围内处理个人自行公开或者其他已经合法公开的个人信息

个人信息处理者可以在合理的范围内处理个人自行公开或者其他已经合法公开的个人信息。这一规定与《民法典》关于处理个人信息免责情形的条款相衔接:第1036条规定:处理个人信息,有下列情形之一的,行为人不承担民事责任……(二)合理处理该自然人自行公开的或者其他已经合法公开的信息,但是该自然人明确拒绝或者处理该信息侵害其重大利益的除外……可见,《民

法典》在一定程度上承认处理合法公开信息的合理性。此外，根据《个人信息保护法》第27条，个人可以明确拒绝处理者对个人自行公开或者其他已经合法公开的个人信息。若个人信息处理者处理已公开的个人信息对个人权益有重大影响的，应依照本法规定取得个人同意。但需要注意的是，该条款具有很大的不确定性，因为对"合理范围"的理解没有统一的标准，需要结合具体利用场景、利用方式，考量是否存在违反法律规定的情形。

有一种理解认为，个人信息被公开时的预期是判断是否在合理范围内处理个人信息的关键，例如某公司从企查查上获取了个人信息进行电话推销，显然违背了公开时信息主体的预期，超出了合理范围。此外，实践中产生很大争议的一种场景是商业网站转载公示在中国裁判文书网上的裁判文书，许多裁判文书的当事人认为商业网站的转载行为侵犯了自己的个人信息权益而提起诉讼，请求法院判令商业网站删除转载的裁判文书。对于这个问题，法院认为在收集手段合法、利用方式正当的情况下，商业网站最初的转载并公开的行为是合法的。而在当事人提出异议之后，法院则需要在保护自然人个人信息权益和技术提升、经营模式创新、大数据产业发展所带来的社会效益上作出权衡。对此，有法院认为，个人信息主体对已公开个人信息的再次传播的控制的人格权益高于已经合法公开的个人信息流通所产生的潜在财产权益，个人信息主体对自己个人信息传播控制的权利不能因已合法公开而被当然剥夺。有法院认为，这是审判公开的延伸体现和对司法数据的再利用，至于当事人认为的自己的社会评价降低则属于社会信用方面的利益，应通过完善个人诚信制度和相关配套制度进行修复。可见，对于这个问题，目前司法实践还没有形成统一的认识，必须结合具体案情进行判断分析。

七、法律、行政法规规定的其他情形

这说明处理个人信息的合法性基础在《个人信息保护法》中并不是穷尽

式列举，而是具有开放性。当社会实践情况发生变化时，可以由其他法律和行政法规另行规定。

7 我的信息我做主

大数据时代的到来，数据和信息成为非常重要的资源，各种企业想方设法地获取个人信息。为了合法地获取、使用个人信息，大部分企业采用了公布隐私政策、用户协议获得信息主体同意的方法。比如我们注册使用一个移动应用软件，注册该软件获得基础服务常常是免费的，但是我们需要在隐私政策、用户协议下方勾选同意，这意味着用户和企业在使用产品和处理个人信息方面达成合意，也就是我授权了企业处理自己的个人信息。那么只有我同意后，企业才可以处理我的信息吗？我的同意究竟有哪几种形式呢？我可以撤回同意吗？

一、什么是知情同意原则

《个人信息保护法》第13条规定"符合下列情形之一的，个人信息处理者方可处理个人信息：（一）取得个人的同意；（二）为订立、履行个人作为一方当事人的合同所必需，或者按照依法制定的劳动规章制度和依法签订的集体合同实施人力资源管理所必需；（三）为履行法定职责或者法定义务所必需；（四）为应对突发公共卫生事件，或者紧急情况下为保护自然人的生命健康和财产安全所必需；（五）为公共利益实施新闻报道、舆论监督等行为，在合理的范围内处理个人信息；（六）依照本法规定在合理的范围内处理个人自行公开或者其他已经合法公开的个人信息；（七）法律、行政法规规定的其他情形。依照本法其他有关规定，处理个人信息应当取得个人同意，但是有前款第二项至第七项规定情形的，不需取得个人同意。"也就是说，在第（二）

到第（七）这六种情况下，个人信息处理者可以在不获得个人信息主体的同意的情况下处理个人信息。这六种情况与第（一）种情况取得个人同意处于并列关系，是同意原则的例外，在比较特殊的情况下可以选择作为处理个人信息的合法性基础。企业在一般情况下都需要取得我的同意后才可以处理信息。除此以外，《个人信息保护法》第 14 条规定："基于个人同意处理个人信息的，该同意应当由个人在充分知情的前提下自愿、明确作出"，即同意的前提是个人充分知情，只有在完全知情的情况下做出的同意才是有效的同意，这就是《个人信息保护法》确立的知情同意原则。

知情同意原则是指个人信息处理者在向个人信息主体收集个人信息时，应当将个人信息被收集、处理的具体情况充分告知信息主体，并征得信息主体的明确同意。知情同意原则最先来源于医疗侵权法，其目的是在信息不对称的情况下，强调医生的披露告知义务，尊重患者的自我决定权和选择权，避免医生裁量权的滥用。后来向信息处理领域扩张，并被世界各国公认为处理个人信息的基础原则。

二、如何保障我的知情权

知情同意原则分为知情和同意两个方面。知情是同意的前提。由于信息技术的复杂，与个人相比，信息处理者往往会获得更多的信息。为了解决信息不对称带来的问题，《个人信息保护法》第 17 条规定，个人信息处理者在处理个人信息前，应当以显著方式、清晰易懂的语言向个人告知。告知应当在个人信息处理者处理个人信息之前进行。因此，虽然知情常常与同意相联系，但是告知义务在所有合法处理个人信息的七种场景之下都需要遵守，比如在应对突发公共卫生事件、为公共利益实施新闻报道、舆论监督等情况下，虽然个人信息处理者不必经过同意就可以处理个人信息，但是他们依旧应当遵守告知义务。也就是说，不管在任何情况下，只要个人信息处理者处理了我的个人信息，就需要向我履行告知义务，以保障我的知情权。

第 17 条同样规定了告知的内容，包括：（一）个人信息处理者的名称或者姓名和联系方式；（二）个人信息的处理目的、处理方式，处理的个人信息种类、保存期限；（三）个人行使本法规定权利的方式和程序；（四）法律、行政法规规定应当告知的其他事项。详尽的告知内容保证我可以了解个人信息处理者为何处理信息、如何处理信息。除了告知的内容应当详尽以外，个人信息处理者还要保证告知的方式方法，以显著方式、清晰易懂的语言让个人信息的主体可以容易地获得信息，顺利了解信息。如果在现实生活中，我们发现浏览网页或者安装 App 时，运营商并没有公布个人信息保护政策或公布的文字冗长难懂都可以视为个人信息处理者没有履行告知义务，在这种情况下，我们所做的同意并不是真正的同意。

三、如何保障个人信息主体自愿、明确作出同意

根据《个人信息保护法》，个人信息主体的同意应当自愿、明确作出。自愿，意味着个人信息主体具有选择权。《个人信息保护法》第 16 条规定，个人信息处理者不得以用户不同意处理其个人信息或者撤回其对个人信息处理的同意为由，拒绝提供产品或者服务。因为如果个人信息处理者因为用户不同意其信息政策就拒绝为其提供服务，那么为了获取服务，用户只能同意。在这种情况下用户并没有能力对于是否同意进行选择，而只能被迫同意，那这样的同意就不是自愿作出的。在现实生活中，存在"一揽子协议"现象，就是指在安装 App 时，App 所有服务和功能都捆绑在一起，App 运营者声称要收集的所有个人信息都是必要的，不收集就没法提供服务。用户要么只能全盘同意，要么只能退出服务。这类现象存在很多问题：首先，个人信息处理者将产品或服务的所有功能进行捆绑，要求个人信息处理者全部接受。针对捆绑功能这一问题，《个人信息安全规范》附录 C 规定个人信息处理者需要根据个人信息主体选择、使用所提供产品或服务的根本期待和最主要的需求，划定产品或服务的基本业务功能和扩展业

务功能。例如，改善服务质量、提升个人信息主体体验、研发新产品都属于扩展业务功能。针对两种不同业务功能，个人信息处理者应当分别通过不同交互界面或设计（如弹窗、文字说明、填写框等形式）来获取个人同意。其次，这一现象还存在过度收集个人信息的问题，个人信息处理者声称其收集的个人信息是实现功能所必要的，个人如果想使用该产品或服务，就要同意其收集所有信息的要求。那么哪些信息属于个人信息处理者为提供基本业务功能必须要收集的个人信息？针对这一问题，2021年3月22日，国家四部门联合发布《常见类型移动互联网应用程序必要个人信息范围规定》对于三十九种常见类型App的必要个人信息范围作出规定，要求其运营者不得因用户不同意提供非必要个人信息，而拒绝用户使用App基本功能服务。依据该规定，如果用户只想获得基本业务功能服务，用户就只需要同意个人信息控制者获取该功能必要的个人信息即可，而不必根据一揽子协议授权同意个人信息控制者获取所有其希望获得的个人信息，保障了个人的选择权。

　　同意应当明确作出，但《个人信息保护法》并没有对于同意的形式作出规定。《个人信息安全规范》中规定"明示同意"指的是个人信息主体通过书面、口头等方式主动作出纸质或电子形式的声明，或者自主作出肯定性动作，对其个人信息进行特定处理作出明确授权的行为。所谓的肯定性动作包括个人信息主体主动勾选、主动点击"同意""注册""发送""拨打"等，也就是明示同意要求个人信息处理者设置"opt-in"（选择进入）的方式让个人信息主体表达同意。2019年12月30日，网信部发布了关于印发《App违法违规收集使用个人信息行为认定方法》，其中明确"以默认选择同意隐私政策等非明示方式征求用户同意"可被认定为"未经用户同意收集使用个人信息"。可见在执法机构看来，征求用户同意时应当采用明示同意的方式，由用户以主动勾选等行为表示同意，"默认同意"这类的"opt-out"（选择退出）的模式并不是允许的。

四、单独同意、书面同意、重新同意

《个人信息保护法》中针对不同的个人信息处理场景，要求个人信息处理者履行不同的告知同意义务。

《个人信息保护法》第23、25、26、29、39条规定了个人信息处理者需要取得"单独同意"的具体场景，即向其他个人信息处理者提供个人信息；公开个人信息；将公共场所安装的图像采集、个人身份识别设备所收集的个人图像、身份识别信息用于维护公共安全目的以外的其他目的；处理敏感个人信息；向境外提供个人信息。目前还没有法律文件解释"单独同意"的具体含义。这些适用单独同意的场景对于个人的意义更加重大，造成严重危害的可能性也更高，因此，"单独同意"应当比一般的明示同意采取更高的标准。顾名思义，"单独同意"应当将该场景单独列出，单独展示告知获得个人明示同意，而不是与其他信息处理场景放在一起进行一次性全部授权同意。比如，单独同意可以通过在场景出现时跳出单独的弹窗或提供单独的链接等方式以获得同意。

《个人信息保护法》第29条规定："处理敏感个人信息应当取得个人的单独同意。法律、行政法规规定处理敏感个人信息应当取得书面同意的，从其规定。"根据此条，处理敏感信息应当获得个人信息主体的单独同意，但是在法律法规有明确规定的情况下需要取得书面同意。因此，取得书面同意的场景对于个人来说应当比取得单独同意更加重大。形式上，根据《民法典》第469条规定："书面形式是合同书、信件、电报、电传、传真等可以有形地表现所载内容的形式。以电子数据交换、电子邮件等方式能够有形地表现所载内容，并可以随时调取查用的数据电文，视为书面形式。"因此，在实践中，获取书面同意可以要求个人信息主体通过信件或邮件等方式明确地表达自己的同意。

《个人信息保护法》第14、22、23条规定了个人信息处理者需要取得"重新同意"的具体场景：个人信息的处理目的、处理方式和处理的个人信息种类发生变更；个人信息处理者因合并、分立等原因需要转移个人信息的并且接收方变更原先的处理目的、处理方式；个人信息处理者向他人提供其处理的个人信息的并且接收方变更原先的处理目的、处理方式的。由此可见，不管是个人信息处理者，还是个人信息转移或向他人提供后的信息接收方，他们变更原先个人信息的处理目的、处理方式的，都需要取得"重新同意"。而"重新同意"应当意味着再次履行告知义务，获得个人信息主体的自愿、明确同意。

五、撤回同意

《个人信息保护法》第 15 条规定："基于个人同意处理个人信息的，个人有权撤回其同意。个人信息处理者应当提供便捷的撤回同意的方式。个人撤回同意，不影响撤回前基于个人同意已进行的个人信息处理活动的效力。"撤回同意是指个人信息主体可以对于已经作出的"同意个人信息处理者对其个人信息进行处理"的授权予以取消，体现了个人信息的自决权。同时该法条规定了撤回同意不影响撤回前基于个人同意已进行的个人信息处理活动的效力，明确了撤回授权同意不具有溯及力。

根据《个人信息保护法》第 16、47 条，一旦撤回同意，个人信息处理者应当履行以下两项义务：一是除非处理个人信息属于提供产品或者服务所必需，否则即使个人信息主体撤回同意，个人信息处理者也不可以拒绝提供产品和服务；二是个人撤回同意的，个人信息处理者应当主动删除个人信息，个人信息处理者未删除的，个人有权请求删除。

8 对儿童个人信息的特殊保护

《个人信息保护法》在一般个人信息保护规则之上，对不满十四周岁的未成年人制定了特别的保护规则：将不满十四周岁未成年人的个人信息定为敏感个人信息，只有在具有特定的目的和充分的必要性，并采取严格保护措施的情形下，个人信息处理者方可处理敏感个人信息；处理不满十四周岁的未成年人的信息时，需要取得监护人的同意；个人信息处理者处理不满十四周岁未成年人个人信息的，应当制定专门的个人信息处理规则。除该法外，其他法律规范如《未成年人保护法》《儿童个人信息网络保护规定》《个人信息安全规范》等也特别对未成年人尤其是儿童的个人信息保护进行了特别关注，凸显了未成年人个人信息保护的特殊性和重要性，形成了一个完整的保护网。

一、未成年人内部年龄群体的划分

根据《民法典》第17条，十八周岁以上的自然人为成年人，不满十八周岁的自然人为未成年人。可见，《民法典》是以十八周岁为界将自然人区分为成年人与未成年人。而《个人信息保护法》要求以十四周岁年龄为界，区分处理信息主体的信息是否需要获得监护人的同意。《儿童个人信息网络保护规定》作为《网络安全法》的配套法规，专注于规范十四周岁以下未成年人个人信息收集、使用等处理活动，要求网络运营者应当设置专门的儿童个人信息保护规则和用户协议，并指定专人负责儿童个人信息保护。《未成年人保护法》规定网络直播服务提供者不得为未满十六周岁的未成年人提供网络直播发布者账号注册服务；为年满十六周岁的未成年人提供网络直播发布者账号注册服务时，应当对其身份信息进行认证，并征得其父母或者其他监护人的同意。《个人信息安全规范》（35273-2020）也是以十四周岁为界，将不满十四周岁未成年人的信息作为敏感个人信息对待。敏感个人信息有着更高的处理前提，个人信息处理者需具有特定的目的和充分的必要性，对个人信息处理者是否能处理以及注意义务有着更高的要求。

从前述可以看出，未成年人内部群体可以以年龄为界进行进一步划分。

对于未满十四周岁的未成年人的个人信息的处理，必须获得监护人的同意。对于不满十六周岁的未成年人注册网络直播发布者账号，必须要对自己的身份进行验证并获得监护人的同意，其个人信息的处理也需获得监护人的同意；而对于已满十六周岁的未成年人，则基本享有与成年人相同的个人信息权利，仅在网络游戏领域受到一定限制。

二、个人信息处理者如何识别未成年人

实践中的难点在于个人信息处理者如何识别用户是否为未成年人。《未成年人保护法》在"网络保护"一章中明确，国家建立统一的未成年人网络游戏电子身份认证系统，网络游戏服务提供者应当要求未成年人以真实身份信息注册并登录网络游戏。网络游戏服务提供者应当按照国家有关规定和标准，对游戏产品进行分类，作出适龄提示，并采取技术措施，不得让未成年人接触不适宜的游戏或者游戏功能；在网络直播发布者领域，要求网络直播服务提供者不得为未满十六周岁的未成年人提供网络直播发布者账号注册服务；为年满十六周岁的未成年人提供网络直播发布者账号注册服务时，应当对其身份信息进行认证，并征得其父母或者其他监护人的同意。而在其他行业和领域，并没有强制性的建立起统一的未成年人身份认证系统，也没有赋予个人信息处理者可以强制进行真实身份认证的权利。在实践中，大多数的身份验证仅仅是通过手机、电子邮箱的验证码等方式进行，很难对用户的身份进行判定，未成年人也很容易绕过这些关卡。对于进行人脸识别、身份证号码提交等方式，由于这些信息都属于敏感个人信息，受制于敏感个人信息的处理必须具有充分的必要性，个人信息者很难在注册时就强制用户提交上述信息。放眼全球，《美国儿童在线隐私保护规则》（COPPA）及其配套的实施细则，对于儿童个人信息保护给出了较为详尽的规定。《美国儿童在线隐私保护规则》将儿童年龄线设为13周岁，并主要约束两类企业，一类是直接面向儿童（未满13周岁）的网站、在线服

务（包括移动应用和物联网设备）运营者，如提供儿童动画片、漫画或有儿童栏目的服务；另一类是面向一般大众的运营者，但实际知道其用户有儿童或者有意识地通过面向儿童的第三方运营者收集信息，如收到了父母的投诉、用户发布的信息、评论等内容显示其包含儿童信息的。针对这两类企业，《美国儿童在线隐私保护规则》提出了不同的识别未成年人的义务，比如专门面向儿童的运营者，其所有用户均被视为未成年人，而其他企业需要通过年龄筛选的方式确认其收集的信息主体是儿童。筛选的方式包括用户自主输入年龄或生日等。在我国的实践中如何解决这一问题，有待进一步探索。

三、个人信息处理者如何取得监护人的同意

若要取得监护人的同意，信息处理者或网络经营者首先需充分告知监护人相关信息。根据《儿童个人信息网络保护规定》，网络运营者征得同意时，应当同时提供拒绝选项，并明确告知收集、存储、使用、转移、披露儿童个人信息的目的、方式和范围；儿童个人信息存储的地点、期限和到期后的处理方式；儿童个人信息的安全保障措施；拒绝的后果；投诉、举报的渠道和方式；更正、删除儿童个人信息的途径和方法；其他应当告知的事项。前款规定的告知事项发生实质性变化的，应当再次征得儿童监护人的同意。

根据《个人信息安全规范》，收集年满十四周岁的未成年人的个人信息前，应征得未成年人或其监护人的明示同意；不满十四周岁的，应征得其监护人的明示同意。明示同意是指个人信息主体通过书面、口头等方式主动作出纸质或电子形式的声明，或者自主作出肯定性动作，对其个人信息进行特定处理作出明确授权的行为。肯定性动作包括个人信息主体主动勾选、主动点击"同意""注册""发送""拨打"按钮、主动填写或提供等。

由于《个人信息安全规范》实施时间不长，实践中并未形成成熟的、统

一的实践。可以参考的是《美国儿童在线隐私保护规则》，其提出的概念为"可验证的同意"，企业可以自主设置获得同意的方式，但是须通过清晰可用的技术设计，合理选择一个方法以确保作出同意的是儿童的父母，而非儿童本人。可接受的方法包括：（1）父母签署一个同意表格并通过传真、邮箱或电子扫描方式邮寄；（2）让父母使用信用卡、借记卡或其他在线支付系统等可以向账户持有人提供每笔单独交易的通知的系统；（3）使父母可以通过免费号码与经过相关知识培训的人员通话；（4）使父母可以与经过相关知识培训的人员进行视频会议；（5）使父母提供政府颁发的可在数据库中查询的 ID 复印件，但要在完成认证程序后删除认证记录；（6）使父母回答一系列对于父母之外的人很难回答的问题；（7）验证由父母提供的父母的驾照和父母本人照片，通过人脸识别技术进行对比。如果仅将儿童的个人信息用于内部目的而不会披露，可以使用"电子邮件 +"的方法。根据该方法，向父母发送电子邮件并让他们回复以表示同意。然后，必须通过电子邮件、信件或电话向父母发送确认。如果使用"电子邮件 +"，必须让父母知道他们可以随时撤销他们的同意。从《美国儿童在线隐私保护规则》中列举的方式可以看出，其方式更加具体，并且具有很高的信服力。其弊端在于在要求父母提供身份验证时要求提供的信息涉及敏感个人信息，逐个沟通的方式对于企业来说合规成本过高。

9 精准广告：我可以说不吗？

伴随着信息技术迅猛发展、大数据广泛应用，算法推荐技术正在将人们带入个性化、定制化、智能化更强的信息传播时代。因为算法推荐，互联网平台越来越能抓住用户的喜好，帮助人们更加方便、精准地获取信息，也牢牢吸引了用户的注意力。据不完全统计，当前基于算法的个性化内容推送已占整个互联网信息内容分发的 70% 左右。算法推荐逐渐成为各平台"基本操作"的同时，诸如精准广告、"大数据杀熟"等问题也凸显出来。

你是否有过类似经历：在求职网站填写一份有关工作喜好的调查，网站会自动推送匹配的岗位；打开购物软件，发现页面上多是近期搜索或浏览过的商品；通过 App 搜索一条养生信息，随后便会经常收到此类养生知识、养生产品的广告推送……看似 App"很懂你"，实则是通过获取用户个人信息为前提。在我们不知情的情况下，一些第三方 App 开始启动收集用户个人信息的行为，从性别、年龄、喜好、购物习惯等维度进行大数据分析，最终用来指导广告产品的投放。在大数据被广泛使用的背景下，面对广告商和互联网平台的精准广告，用户可以说不吗？根据上海市消费者权益保护委员会发布的《App 广告消费者权益保护评价报告（2020）》显示，在对 600 款 App 相关功能测试后发现，仅有 14.5% 的 App 可以找到个性化广告推荐关闭入口，但这一情况将随着《个人信息保护法》的出台而改变。

《个人信息保护法》第 24 条规定："个人信息处理者利用个人信息进行自动化决策，应当保证决策的透明度和结果公平、公正，不得对个人在交易价格等交易条件上实行不合理的差别待遇。通过自动化决策方式向个人进行信息推送、商业营销，应当同时提供不针对其个人特征的选项，或者向个人提供便捷的拒绝方式。通过自动化决策方式作出对个人权益有重大影响的决定，个人有权要求个人信息处理者予以说明，并有权拒绝个人信息处理者仅通过自动化决策的方式作出决定。"本条为《个人信息保护法》中最为直接和全面的针对自动化决策的条文，规定商业化营销与信息推送需要"向个人提供便捷的拒绝方式"，这一规定直指实践中个性化广告无法关闭或关闭流程繁琐的弊端。这一规定要求企业在进行精准化营销的同时，赋予用户"拒绝权"，使得用户可以自主、便捷地退出或关闭该等自动化营销和推送。

把个人信息的权利还给用户，让用户有权利说不，苹果公司也在积极贯彻。在过去，如果想使用一款 App，你"必须"同意它的隐私政策——尽管你并没有真地阅读过它。移动广告业务正是依靠这种"捆绑式同意"获得用户手机设备标识符的授权,从而实现"跨屏跟踪"进行精准广告投放。但苹果已不再允许 App 在 iOS 系统中这样做了。2020 年 6 月,苹果在全球开发者大会上宣布,App 开发者需要在 iOS14 中通过弹窗获得用户同意,才可获取用户 iOS 设备中的 IDFA,即广告标识符(Identifier for Advertising)。由于政策变动引起了许多互联网公司的强烈反对,为了给 App 开发者预留更多时间应对,苹果将新政策的实施时间推迟到 2021 年,并最终在今年 4 月落地实施。

苹果在 iOS 系统中帮助广告主、App 开发者用以标识设备的唯一 ID,好比用户在网络世界中的"身份 ID",广告商能够通过 IDFA 了解用户身份、收集用户信息,对用户在其他 App 或网页的操作行为进行跟踪,来完善用户画像及标签,实现广告精准投放,以及评估广告投放效果。例如,用户在抖音中看到商品广告,点击链接后跳转至淘宝进行购买,IDFA 可将用户广告点击行为和购买行为关联起来,该技术同样被用于广告效果的结算。但使用 iOS14 系统之后,App 开发者需要通过"App 跟踪透明度"功能(App Tracking Transparency,简称 ATT),以弹窗方式获得用户同意后,才能获取 IDFA 用于跟踪用户在其他 App 和网站中的行为。这意味着,用户不用再迷失在冗长的隐私政策中,而是可以通过弹窗选择是否同意授权 App 获取自己的 IDFA。国外营销分析与归因平台 Singular 的一项针对 600 名 iPhone 用户的调查显示,约有 61% 左右用户不会同意 App 开发者在 iOS14 系统中获取 IDFA 用于广告跟踪。这意味着 App 开发者将无法拿到 IDFA 这个"身份 ID"来跟踪用户,其能合规使用的个人信息将变得极为有限,这无疑是对互联网广告商的一次精准打击。但从用户角度来看,却是对其个人信息保护的加强。

IDFA 新政尽管让移动广告营销行业怨声载道,但并不意味着用户就可以欢欣鼓舞。一个可以预见的结果是,用户接收到的广告数量并不会因拒绝跟踪而减少,只是广告与用户兴趣标签的相关度由此降低,反而可能会收到更多他们不感兴趣的广告。假如苹果 IDFA 新政导致互联网商业模式从"免费模式"逐步向"付费模式"转变，那么摆在用户面前的问题将是：你愿意为多少互联网服务付费？

2021 年 1 月，中国广告协会会长张国华发表文章《IDFA 不能一关了之》，文中指出，精准推送可以帮助用户更容易获取感兴趣的内容和服务，可高效、便捷地触达目标消费者，促进经济持续健康发展，各方需从中探索一条既能保护用户隐私，又能合理利用数据，促进行业发展的平衡道路。诚然，定向广告并非洪水猛兽，它可创造社会福利。前微软总裁史蒂夫·鲍尔默称，对于网站经营者来说，这意味着能吸引更多广告商的投资，从而提供更多更好的免费内容和服务；对广告商来说，意味着广告信息将被传送给最希望到达的客户；对于消费者来说，意味着更有可能快速便捷地获得符合自己需要的信息。而 IDFA 等设备标识符是支持"向用户提供免费服务，向广告主售卖广告"互联网商业模式的关键。目前，通过去标识化、数据加密等措施已能实现设备标识符使用的安全及合规。但因投放广告过于精准，不免让用户产生"被监视"的感觉，对于 App 开发者而言，更应设置便捷的精准广告退出开关来保障用户权益。

10 如何保护我的脸?

近期，多起关于居民小区强制使用人脸识别门禁的报道屡屡成为热点头条。它们都由政府部门出资，主要工程就是在社区、酒店、商业地产等出入口增加带有人脸识别（或车牌识别）功能的摄像头和门禁，并与公安部门的后台联网。这些工程都往往标以"神经元""微卡口""智慧社区""智慧城市""雪亮工程"等响亮名称，是许多政府部门实现数据化转型、落实惠民政策的计划之一。然而，人脸识别技术在使用和信息采集过程中，天然地容易引发个人信息保护方面的担忧。尤其是，许多居民反映没有取得他们的同意，甚至没有进行集体会议、公开讨论等步骤，这些人脸识别就"悄然"来到身边。

无独有偶，2020年10月，一则"戴头盔看房"的小视频在网上流传，视频中还有字幕——为保护个人信息，戴着头盔去看房。当你满怀期待走进了一家售楼处，接受售楼服务人员的热情接待，期望买到一个温暖的家，畅想未来的美好生活时，远处的摄像头正默默进行人脸识别，并将你的人脸信息处理和分类。2021年2月，公安部召开新闻发布会，2020年全国公安机关共侦办侵犯公民个人信息刑事案件3100余起，其中，破获窃取、贩卖人脸数据案件22起，抓获犯罪嫌疑人60名。随着人脸识别在金融、交通、人社、医疗等等行业均得到愈发广泛应用，并创造了巨大经济效益，人们对人脸信息安全的担忧也在不断地加深。

我国《民法典》正式确立了个人信息权益，明确了"合法、正当、必要"的个人信息处理基本原则，收集信息前应当遵守"知情—同意"原则，公开处理信息的规制，明示处理信息的目的、方式和范围。人脸信息是个人生物特征信息，属于敏感个人信息，《个人信息保护法》设立了专节来保护该类信息。首先，处理敏感个人信息前，个人信息处理者具有特定的目的和充分的必要性。其次，基于个人同意处理敏感个人信息的，个人信息处理者应当取得个人的单独同意。最后，个人信息处理者处理敏感个人信息的，还应当向个人告知处理敏感个人信息的必要性以及对个人的影响。这极大强化了公民对自身敏感信息的控制权，将成为抵制滥用人脸识别的有力法律武器。

2021年7月28日，最高人民法院发布了《关于审理使用人脸识别技术处理个人信息相关民事案件适用法律若干问题的规定》（以下简称《人脸识别规定》），为进一步规范使用人脸识别技术处理个人信息、保护公民合法权益、促进数字经济健康发展提供了法律保障。《人脸识别规定》适用于平等民事主体之间因使用人脸识别技术处理人脸信息所引起的相关民事纠纷。信息处理者使用人脸识别技术处理人脸信息，或者虽然没有使用人脸识别技术但是处理基于人脸识别技术生成的人脸信息，均在适用范围内。

针对通过一揽子授权、与其他授权捆绑、"不点击同意就不提供服务"等方式强制索取非必要个人信息的问题,《人脸识别规定》明确了处理人脸信息的规则:一是单独同意规则。由于人脸信息属于敏感个人信息,处理活动对个人权益影响重大,因此,在告知同意上,有必要设定较高标准,以确保个人在充分知情的前提下,合理考虑对自己权益的后果而作出同意。《人脸识别规定》第2条第3项引入单独同意规则,即信息处理者在征得个人同意时,必须就人脸信息处理活动单独取得个人的同意,不能通过一揽子告知同意等方式征得个人同意。二是强迫同意无效规则。基于个人同意处理人脸信息的,个人同意是信息处理活动的合法性基础。只要信息处理者不超出自然人同意的范围,原则上该行为就不构成侵权行为。自愿原则是《民法典》的基本原则之一,个人的同意必须是基于自愿而作出。特别是对人脸信息的处理,不能带有任何强迫因素。为强化人脸信息保护,防止信息处理者对人脸信息的不当采集,第4条对处理人脸信息的有效同意采取从严认定的思路。对于信息处理者采取"与其他授权捆绑""不点击同意就不提供服务"等方式强迫或者变相强迫自然人同意处理其人脸信息的,信息处理者据此认为其已征得相应同意的,人民法院不予支持。第4条不仅适用于线上应用,同样适用需要告知同意的线下场景。

关于责任承担方面。《人脸识别规定》明确了侵权责任和违约责任,受侵害的权益既包括个人信息权益,也包括肖像权、隐私权、名誉权等人格权以及财产权。其中,第2条规定了侵害自然人人格权益行为的认定,针对今年"3·15晚会"所曝光的线下门店在经营场所滥用人脸识别技术进行人脸辨识、人脸分析等行为,该条均予以列举,明确将之界定为侵害自然人人格权益的行为。对于违反单独同意,或者强迫、变相强迫自然人同意处理其人脸信息的,构成侵害自然人人格权益的行为。第5条对《民法典》第1036条进行细化,明确了处理人脸信息的免责事由;第6条至第9条分别规定了举证责任、多个信息处理者侵权责任的承担、财产损失的范围界定以及人格权侵害禁令的适用等。

　　关于权益保护方面,《人脸识别规定》强化了对人脸信息的司法保护:一是合理分配举证责任。第 6 条依据现有举证责任的法律适用规则,以及《民法典》第 1035 条、第 1036 条等规定内容,充分考虑双方当事人的经济实力不对等、专业信息不对称等因素,在举证责任分配上课以信息处理者更多的举证责任。二是合理界定财产损失范围。除适用《民法典》第 1182 条外,考虑到侵害人脸信息可能并无具体财产损失,但被侵权人为维权支付的相关费用却较大,如果不赔偿,将会造成被侵权人维权成本过高,侵权人违法成本较小的不平衡状态。第 8 条明确被侵权人为制止侵权行为所支付的合理开支以及合理的律师费用可作为财产损失请求赔偿。三是积极倡导民事公益诉讼。由于实践中受害者分散、个人维权成本高、举证能力有限等因素,个人提起诉讼维权的情况相对较少,而公益诉讼制度能够有效弥补这一不足。结合人民法院审理个人信息民事公益诉讼相关实践,《人脸识别规定》第 14 条对涉人脸信息民事公益诉讼予以明确规定。

　　关于价值平衡方面,《人脸识别规定》充分考量人脸识别技术的积极作用和社会影响:一是注重个人利益和公共利益的平衡。在依法保护自然人人脸信息的同时,第 5 条在吸收《个人信息保护法》立法精神的基础上,对《民法典》第 1036 条规定进行了细化,明确规定了使用人脸识别不承担民事责任的情形。比如,为应对突发公共卫生事件,或者紧急情况下为保护自然人的生命健康和财产安全所必需而处理人脸信息的;再如,为维护公共安全,依据国家有关规定在公共场所使用人脸识别技术的,等等。同时,《人脸识别规定》第 5 条通过“兜底条款”的规定,将其他免责事由适用引向《民法典》等法律。二是注重惩戒侵权行为和促进数字经济发展的平衡。既要规范信息处理活动,保护敏感个人信息,又要注重促进数字经济健康发展,保护人脸识别技术的合法应用。为了避免对信息处理者课以过重责任,妥善处理好惩戒侵权和鼓励数字科技发展之间的关系,《人脸识别规定》第 16 条明确了本司法解释不溯及既往的基本规则,对于信息处理者使用人脸识别技术处理人脸信息、处理基于人脸识别技术生成的人脸信息的行为发生在本规定施行前的，不适用本规定。

《人脸识别规定》还从物业服务、格式条款效力、违约责任承担等角度对人民群众普遍关心的问题予以回应。针对物业服务企业或者其他建筑物管理人以人脸识别作为业主或者物业使用人出入物业服务区域的唯一验证方式的，第 10 条明确规定，不同意的业主或者物业使用人请求其提供其他合理验证方式的，人民法院依法予以支持。针对信息处理者通过采用格式条款与自然人订立合同，要求自然人授予其无期限限制、不可撤销、可任意转授权等处理人脸信息的权利的。第 11 条规定，自然人依据《民法典》第 497 条请求确认格式条款无效的，人民法院依法予以支持。第 12 条对自然人请求信息处理者承担违约责任并删除其人脸信息的情形作了规定。

除了相关法律及法律解释的颁布和实施，正在制定中的《人脸识别数据安全要求》（以下简称《人脸识别要求》）为规制人脸识别的具体落实提供了重要参考。《人脸识别要求》要解决的问题主要有三个：一是人脸信息无感收集问题。当前人脸识别普遍采用无感的采集方式，也就是在人不知情的情况下采集消费者人脸信息，这一做法具有高度隐蔽性。二是人脸信息泄露或丢失问题。人脸信息具有唯一性、高经济价值性，容易成为不法分子盗取对象，一旦泄露或者丢失，将导致歧视或者人身财产安全的严重危害。三是过度使用人脸识别问题。现在各行各业都在人脸识别领域"高歌猛进"，希望"强占山头"，对于一些没有必要的场景也强加人脸识别，造成人们的困扰。

对此，《人脸识别要求》规定了人脸识别数据的基本安全要求、安全处理要求和安全管理要求，对人脸识别从全生命周期的数据安全作了严格要求，从而确保人脸识别在不同的生命周期过程中的安全性，并将人脸识别场景分为三类：

（1）人脸验证：将采集的人脸识别数据与存储的特定自然人的人脸识别数据进行比对（1:1 比对），以确认特定自然人是否为其所声明的身份。典型应用包括机场、火车站的人证比对，移动智能终端的人脸解锁功能等。

（2）人脸辨识：将采集的人脸识别数据与已存储的指定范围内的人脸识

别数据进行比对（1:N 比对），以识别特定自然人。典型应用包括公园入园、居民小区门禁等。

（3）人脸分析：不开展人脸验证或人脸辨识，仅对采集的人脸图像进行统计、检测或特征分析。典型应用包括公共场所人流量统计、体温检测、图片美化等。

前两类场景均要满足三项要求。基本安全要求明确：（1）非人脸识别方式安全性或便捷性显著低于人脸识别方式（示例：机场、火车站进行人证比对时，使用人脸识别以外的身份识别方式会导致相关服务便捷性的明显下降）；（2）原则上不应使用人脸识别方式对不满十四周岁的未成年人进行身份识别；（3）应同时提供非人脸识别的身份识别方式，并提供数据主体选择使用；（4）应提供安全措施保障数据主体的知情同意权；（5）人脸识别数据不应用于除身份识别之外的其他目的，包括但不限于评估或预测数据主体工作表现、经济状况、健康状况、偏好、兴趣等。安全处理要求则对收集、存储、使用、委托处理、共享、转让和公开披露等方面提出人脸识别数据处理要求。

在收集人脸数据时，如果企业试图采集人脸数据的，首先应保证设备符合相应标准；还应注意提示数据主体，设置数据主体主动配合（指要求数据主体直视收集设备并做出特定姿势、表情，或者通过标注"人脸识别"的专用收集通道等）人脸识别的机制，而不能无声无息地采集人脸数据。还应当向数据主体告知收集目的、数据类型和数量、处理方式、存储时间等规则，并征得数据主体的明示同意。

在存储人脸数据时，应采取安全措施存储和传输人脸识别数据，包括但不限于加密存储和传输人脸识别数据，采用物理或逻辑隔离方式分别存储人脸识别数据和个人身份信息等；应采取物理或逻辑的方式将人脸识别数据和个人身份信息分别存储。

在使用人脸数据时，应在完成验证或辨识后立即删除人脸图像（人脸图像不得存储），生成可更新、不可逆、不可链接的人脸特征，提倡使用本地人脸识别，并应具备防护呈现干扰攻击的能力（呈现干扰攻击主要包括使用人脸照片、纸质面具、人脸视频、人脸合成动画、仿真人脸三维面具等攻击和干扰人脸识别）。

在处理、共享、转让、公开披露人脸数据时，不应公开披露人脸识别数据，原则上不应共享、转让人脸识别数据。因业务需要，确需共享、转让的，应开展安全评估，并单独告知数据主体共享或转让的目的、接收方身份、接收方数据安全能力、数据类别、可能产生的影响等相关信息，并征得数据主体的书面授权；原则上不应进行委托处理，确需委托处理的，应在委托处理前审核受委托者的数据安全能力，并对委托处理行为开展个人信息安全影响评估。简而言之，人脸数据不允许公开披露，而委托处理、共享、转让均需要个人信息安全影响评估、安全评估等前置流程。

安全管理要求从数据管理责任、安全补救措施等方面提出安全要求：一是应落实数据安全管理责任，在个人信息安全管理制度中明确人脸识别数据保护要求，包括但不限于保护策略、处理规则等。实际应用时，企业应通过制定《用户协议》《隐私协议》等文件，将企业内部的个人信息安全管理制度告知用户。二是在发生或者可能发生人脸识别数据泄露、损毁、丢失的情况时，应立即采取补救措施，按照规定及时告知数据主体，并向相关主管部门报告。针对此项，企业应提前制定规章制度、流程，完善补救措施的种类、实施步骤，按照规定及时告知数据主体，并向相关主管部门报告。这一要求与现行个人信息保护法律法规一脉相承，《网络安全法》第 12 条第 2 款就规定了"及时告知用户并向有关主管部门报告"。三是在我国境内收集或产生的人脸识别数据应在境内存储，如因业务需要确需出境的，应按照个人信息出境相关规定进行安全评估。因人脸数据拥有个人敏感信息及个人生物识别信息的双重属性，企业在相关数据出境时应提前做好评估流程。

2021 年 4 月，"人脸识别第一案"迎来二审判决，该案让人们意识到，自己拥有向人脸识别说"不"的权利。《人脸识别规定》和《人脸识别要求》针对这种情况均有明确规定：信息处理者采取"与其他授权捆绑""不点击同意就不提供服务"等做法都得不到法院支持，人脸信息的处理不能带有任何强迫因素；数据控制者不应因数据主体不同意收集人脸识别数据而拒绝数据主体使用基本业务功能。

当前正处在一个技术变革的时代，任何人都被卷入技术进步带来的生活、工作中。人脸识别技术仅是众多先进技术的一员，我们无需也没有必要拒人于千里之外，因为任何技术发展的最终目的就是为了人类福祉。相信在不久的将来，人脸识别技术将更加规范，更具效率，真正实现科技向善、以人为本的目标。

11 我的数据可以随意跨境传输吗？

当你驾驶着心爱的汽车行驶在道路上，你可曾想过，整个行驶过程中，你正在被"偷脸"？

耸人听闻的数据窃取事件意味着大数据发展时期信息泄露危机正在暗流涌动。正在驾驶智能汽车的你可能还没有察觉，在驾驶智能汽车的过程中，所有位置信息、驾车轨迹正在被你的汽车导航设备进行后台秘密记录。而你车内的摄像头正在将车内驾驶员以及乘客的人脸图像、谈话内容、涉及主要的关键词同步传输到境外或者其他非法终端用于进行的大数据分析，你的个人信息正在被严重泄露！此外，车辆所行驶的道路以及行程周边的建筑设施、标志指引等所有车外信息作为国家的重要地理信息也在被智能汽车秘密收集，成为窃取国家秘密，并同步实施数据跨境传输的重要手段。近日来，随着特斯拉女车主维权事件的不断发酵，越来越多的人对以特斯拉为代表的智能汽车的信息安全性提出了质疑。同时，广大消费者、国家网络安全部门都对智能汽车引发个人信息泄露问题给予了充分关注。智能汽车对于车主行车信息的抓取、对于车内司机以及乘客的面部识别、对于车外驶经道路的特征获取具有天然的便利，这导致用户个人隐私信息以及国家道路交通信息安全也受到了严峻挑战，智能汽车已经成为仅次于手机的泄密源！更令人担忧的是，部分外资智能汽车，将获取到的基础数据信息跨境传输到境外，严重侵害我国公民、国家的公共利益和信息安全。

从智能汽车泄露个人信息的案件中我们可以发现，数据的跨境传输以及流动引发了巨大的风险危机，危机的产生呼吁规则的规制，规则背后是各国对于数据安全以及信息保护的决心。在我国，对于数据跨境流动的监管与欧洲地区、美国相比，起步较晚。欧盟的数据保护立法发展较早，最早可以追溯到二战时期。经过多年的立法沿革，欧盟各个成员国正在遵照执行 2018 年生效的《通用数据保护条例》(以下简称 GDPR) 进行数据保护。同时，该条例也作为数据保护的条例范本，成为各国数据保护规范制定、借鉴的重要内容和依据。在欧盟的成员国内，是提倡个人数据的自由流动的。而对于成员国以外的国家，跨境的流动必须经过严格的审核。根据 GDPR 的规定，个人数据传输出境要满足"充分性认定"的条件。此外，通过 GDPR 赋予个人权利，即当征得个人用户的同意时，可以将数据传输出境。个人数据规则的跨境流动采用的是附条件的流动模式。在 2021 年 5 月 6 日，挪威数据保护局 (Datatilsynet) 宣布：已通知 Ferde AS 公司，决定对该公司罚款 500 万挪威克朗 (约 498065 欧元)。该公司涉嫌非法向中国的一家数据处理者转移驾驶者的个人数据。该案被称为 GDPR 涉及中国的首例数据跨境案件。根据相关调查显示，Ferde AS 公司缺乏 GDPR 第 28 (3) 条规定的数据处理协议，并且在人工处理超过 1200 万张车牌图像之前没有进行风险评估，违反了 GDPR 第 32 条。此外，调查进一步显示，Fedre AS 公司在 2017 年至 2019 年期间向中国转移数据缺乏适当的法律依据，因此违反了 GDPR 第44 条。

从涉及中国的首例数据跨境案件可以看出，各国对于数据安全的重视程度在持续提升。目前，欧盟成员国、美国都在遵照自己的数据保护规则对本国数据跨境进行监管。与此相对应，建立、完善我国的数据保护、数据跨境规则迫在眉睫。

在数据跨境问题上，重点是对数据出境进行规制。随着我国《网络安全法》的颁布实施，数据出境安全管理要求被首次提出，国家有关部门在《网络安全法》的管理框架下，积极制定配套管理办法《个人信息出境安全评估办法》（以下简称《评估办法》），探索具有中国特色的个人信息出境安全管理路径。2019 年，《评估办法》对外公开征求意见，初步确立管理要求以及管理模式。《评估办法》第 2 条对个人信息出境作出明确定义，即"网络运营者向境外提供在中华人民共和国境内运营中收集的个人信息（以下称个人信息出境）"。最容易理解的出境，是地理意义上的，即当个人信息离开我国地理边境可以视为个人信息已出境。这也是国际主流国家对数据出境概念的一致认同。另外一种是通过进一步限定个人信息出境管理的范围来确定是否属于个人信息出境。

为此，数据的何种跨境运输方式是合法合规的？想要向我国境外提供个人信息，应当具备哪些条件？数据跨境运输的具体规则《个人信息保护法》第三章"个人信息跨境提供的规则"进行了详细展示。在此章节中重点就向境外提供个人信息的具体条件、安全评估的要求以及非法进行跨境数据传输所需承担的后果进行了规定。第 38 条中规定，个人信息处理者因业务等需要，需向中华人民共和国境外提供个人信息的，应当通过国家网信部门组织的安全评估，或者按照国家网信部门的规定经专业机构进行个人信息保护认证。此外，按照国家网信部门制定的标准合同，约定双方的权利和义务，并监督其个人信息处理活动达到本法规定的个人信息保护标准条件及符合法律、行政法规或者国家网信部门规定的其他条件，可以提供。

这里值得注意的是，《个人信息保护法（草案一次审议稿）》的部门内容规定中，并未将"按照国家网信部门制定的标准合同"纳入规定，但由此可见，国家网信部门对于数据跨境进行了更加细化的把控，而按照国家网信部门制定的标准合同作为一种格式合同，能更加明确双方的权利义务，同时也进一步提高监管数据跨境传输的力度。目前，具体标准合同的文本内容还有待国家网信部门进行公布。

在符合了向境外提供信息的条件后，个人信息处理者向中华人民共和国境外提供个人信息的，还应当向个人告知境外接收方的身份、联系方式、处理目的、处理方式、个人信息的种类以及个人向境外接收方行使本法规定权利的方式等事项，并取得个人的单独同意。

同时，根据《个人信息保护法》第 40 条的规定，关键信息基础设施运营者和处理个人信息达到国家网信部门规定数量的个人信息处理者，应当将在中华人民共和国境内收集和产生的个人信息存储在境内。确需向境外提供的，应当通过国家网信部门组织的安全评估；法律、行政法规和国家网信部门规定可以不进行安全评估的，从其规定。由此可见，对于信息的跨境传输，不仅对传输双方要进行严格的审核，还需要对传输的内容进行安全评估，以确认信息传输的安全性、合法性。

在向境外的司法或执法机构提供境内个人信息方面，《个人信息保护法》最终稿相较于《个人信息保护法（草案一次审议稿）》从规定适用范围、审批要求等方面作出了更加严格和明确的规定。《个人信息保护法》第 41 条规定：境外的司法或者执法机构要求提供存储于境内的个人信息的，非经中华人民共和国主管机关批准，不得提供。而《个人信息保护法（草案一次审议稿）》则表述为因国际司法协助或者行政执法协助，需要向中华人民共和国境外提供个人信息的，应当依法申请有关主管部门批准。从立法的前后修改变化来看，向境外提供司法协助的要求也更加严格，进一步提升了数据的安全保护能力。

在《个人信息保护法》的第 42 条、43 条中，专门对损害我国公民及国家公共利益的数据跨境传输行为进行规定：境外的组织、个人从事损害中华人民共和国公民的个人信息权益，或者危害中华人民共和国国家安全、公共利益的个人信息处理活动的，国家网信部门可以将其列入限制或者禁止个人信息提供清单，予以公告，并采取限制或者禁止向其提供个人信息等措施。与此同时，任何国家和地区在个人信息保护方面对中华人民共和国采取歧视性的禁止、限制或者其他类似措施的，中华人民共和国可以根据实际情况对该国家或者该地区采取相应措施。从以上条款可以发现，国家对于非法进行数据跨界传输的行为，可以采取必要的制裁行为，其目的就是维护国家信息权利安全，全面坚守公共安全底线。

数据跨境规则的制定、数据保护架构的建立以及监管部门责任的落地都为数据领域的发展、数据跨境的保护提供了基石。2020年12月，北京市数据跨境流动安全管理试点政策对接会在北京市海淀区中关村软件园举行。2021年，广东推动横琴作为跨境数据试点，让数据从横琴走向世界。随着国内跨境数据试点的不断增加，关于数据跨境流动安全管理、数据分类分级的尝试也在不断探索。法律保障、制度制约、创新举措都为数据跨境的发展提供了期待可能，同时，数据跨境流动的规则对于抢占国际数据发展制高点，维护国家安全底线起到了保驾护航的重要作用。

12 关于个人信息，我有哪些权利？

《个人信息保护法》第四章专章规定了个人在个人信息处理活动中的权利。

第一，知情权和决定权。根据第44条规定："个人对其个人信息的处理享有知情权、决定权，有权限制或者拒绝他人对其个人信息进行处理；法律、行政法规另有规定的除外。"一般来说，知情权指个人有权知晓其个人信息被处理的情况；就决定权的内容而言，从本条文本来看，主要表现为"限制或拒绝他人的处理"，更多是被动的防御。就两者的关系上，知情权系行使决定权的前提。明确个人的知情权和决定权，有利于个人更好地实现对其个人信息的控制。此外，本条留下了但书规定，即"法律、行政法规另有规定的除外"，比如基于犯罪侦查收集个人信息，出于保密等原因，可以拒绝个人行使其知情权和决定权。

第二，查阅、复制权。根据第45条第一款和第二款规定："个人有权向个人信息处理者查阅、复制其个人信息；有本法第十九条第一款规定情形的除外。个人请求查阅、复制其个人信息的，个人信息处理者应当及时提供。"个人的查阅、复制权首次见于《民法典》第1037条。查阅、复制个人信息便于个人有效行使更正、删除个人信息的权利，有助于加强个人对个人信息的控制。区别于《民法典》规定的是，本条增加了查阅、复制权行使的例外，即"有法律、行政法规规定应当保密或者不需要告知的情形"，个人信息处理者在法定情形下有权拒绝个人查阅、复制个人信息的请求。在《民法典》及《个人信息保护法》均明确了个人享有查阅、复制权的情形下，如无法适用例外情形，个人信息处理者应当采取适当的方式对个人查阅、复制其个人信息的请求及时予以回应，确保其查阅、复制权的行使。

第三，数据可携带权。根据第45条第三款规定："个人请求将个人信息转移至其指定的个人信息处理者，符合国家网信部门规定条件的，个人信息处理者应当提供转移的途径。"《个人信息保护法》首次规定了数据可携带权，这一做法包含了对国外个人数据立法的借鉴，例如欧盟《通用数据保护条例》在第20条单独规定了数据可携带权。数据可携带权的内容包括数据主体获取个人信息副本权，以及请求数据控制者直接将与数据主体有关的个人信息传输给另一数据控制者的权利。至此，数据可携带权正式成为一种个人在个人信息处理活动中的权利被纳入我国个人信息保护法律体系。个人对其提交给数据处理者的个人信息将拥有更全面的控制。

第四，更正、补充权。根据第46条的规定："个人发现其个人信息不准确或者不完整的，有权请求个人信息处理者更正、补充。个人请求更正、补充其个人信息的，个人信息处理者应当对其个人信息予以核实，并及时更正、补充。"《网络安全法》第43条、《民法典》第1037条均规定了个人的更正权，《个人信息保护法》在对个人的更正权予以重申的同时，区分了个人信息不准确或者不完整的情形，并针对个人信息不完整的情形规定了个人的补充权，旨在针对实践中用户无法更正、补充其个人信息的问题。实践中，涉及更正个人信用信息的情况较为常见。对于企业而言，需要在个人行使更正、补充权时进行核查并在核查无误的情况下及时予以配合。

第五，删除权。根据第 47 条："有下列情形之一的，个人信息处理者应当主动删除个人信息；个人信息处理者未删除的，个人有权请求删除：

（一）处理目的已实现、无法实现或者为实现处理目的不再必要；

（二）个人信息处理者停止提供产品或者服务，或者保存期限已届满；

（三）个人撤回同意；

（四）个人信息处理者违反法律、行政法规或者违反约定处理个人信息；

（五）法律、行政法规规定的其他情形。

法律、行政法规规定的保存期限未届满，或者删除个人信息从技术上难以实现的，个人信息处理者应当停止除存储和采取必要的安全保护措施之外的处理。"《网络安全法》第 43 条、《民法典》第 1037 条均规定了在个人信息处理者违法或违约处理个人信息的情形下个人的删除权，《个人信息保护法》第 47 条对于删除权适用的情形予以了扩张，增加了本条第一款第（一）（二）（三）（五）项作为个人有权行使删除权的情形。作为用户，应当熟悉该类法定场景，并及时通过 App 内提供的方式，要求企业删除已保存的个人信息，避免个人信息遭到滥用。

第六，有权要求个人信息处理者释明其个人信息处理规则。根据第 49 条规定："个人有权要求个人信息处理者对其个人信息处理规则进行解释说明。"《个人信息保护法》第 17 条要求个人信息处理者制定并公开个人信息处理规则。个人信息处理规则同个人的个人信息相关权利密切相关，但实践中，如果缺少相应的知识积累或者存在少量专业术语，普通个人理解个人信息处理规则可能存在一定困难，故本条规定个人有权要求个人信息处理者向其解释说明，有助于保障个人的知情权，方便个人更好地理解个人信息处理规则。

第七，死者个人信息权利。根据第 49 条规定："自然人死亡的，其近亲属为了自身的合法、正当利益，可以对死者的相关个人信息行使本章规定的查阅、复制、更正、删除等权利；死者生前另有安排的除外。"在大数据时代，自然人的个人信息一般会被非常多的企业掌握。《网络安全法》《民法典》等现行有效的法律法规对自然人的个人信息权利作出了明确规定，确保自然人能够自行主张和维护个人信息权利，但均未涉及在自然人死亡后个人信息权利的保护，本条规定填补了立法的空白。《个人信息保护法》相比此前的草案作出了进一步的规定，并作了一些条件限定，明确了死者个人信息权利的范围，例如查阅、复制、更正、删除等个人信息权利，且仅在近亲属为了自身的合法、正当利益时才能代为行使。对此，需要企业在正常的个人信息权利响应机制之外，建立死者个人信息权利响应机制，例如审查自然人的死亡证明、近亲属的身份，并在审查通过的情况下响应相应的权利主张。

　　第八，投诉、举报和提起诉讼。根据第65条规定："任何组织、个人有权对违法个人信息处理活动向履行个人信息保护职责的部门进行投诉、举报。收到投诉、举报的部门应当依法及时处理，并将处理结果告知投诉、举报人。履行个人信息保护职责的部门应当公布接受投诉、举报的联系方式。"根据第50条第二款规定："个人信息处理者拒绝个人行使权利的请求的，个人可以依法向人民法院提起诉讼。"此外，《个人信息保护法》的第61条、第62条第（五）项对相关部门对投诉和举报应履行的职责也进行了说明，与前述条款共同搭建起了个人信息保护投诉举报机制，并形成了对个人信息保护的强有力闭环。

　　关于个人权利行使的相应具体方式，目前还需要通过每个 App 的隐私政策中找到。《个人信息保护法》不仅丰富了个人信息权利的种类，还增强了对个人信息权利的保护。法律已向前迈出一大步，那么对于个人而言，我们理应提升权利意识，积极行使和保护我的个人信息权利！

13 什么是被遗忘权？

一、中国被遗忘权第一案——任甲玉诉百度案

　　在欧盟法院宣布冈萨雷斯的胜诉判决后不久，中国也出现了"被遗忘权

第一案"。任甲玉曾在无锡陶氏生物科技有限公司从事教育工作，有关"陶氏教育任甲玉""无锡陶氏教育任甲玉"等信息被公开陈列在百度网站中，严重影响其求职工作。2015 年，任甲玉向北京市海淀区人民法院提起诉讼，要求百度立即停止侵犯其姓名权、名誉权以及被遗忘权。一二审法院均未承认我国法律中存在被遗忘权的法定权利类型，而是从一般人格权的角度出发，认为被遗忘权可以划归至"未被类型化但应该受法律保护的正当法益"。法院认为任甲玉必须证明该人格利益"具有利益的正当性及保护的必要性"，才能够受到法律保护。

二、被遗忘权概述

被遗忘权的起源可以追溯到欧盟法院审理的冈萨雷斯起诉谷歌一案。案件原告名为马里奥·冈萨雷斯，其曾于 1998 年申请破产。为偿还社保债务，冈萨雷斯的物业被公开拍卖，公开拍卖的有关信息被传送在互联网上。2010年 2 月，冈萨雷斯向西班牙数据保护局（AEPD）向《先锋报》、谷歌公司及谷歌西班牙提起诉讼，认为十二年前所发生的拍卖"在多年之前就已经解决，现在提及完全不具有相关性"。后案件在西班牙高级法院被终止审理，提交至欧盟法院。欧盟法院经过审理后认为，西班牙数据保护局有权在此案中要求谷歌删除和冈萨雷斯相关的个人信息链接，确认作为数据控制者的搜索引擎提供商负有删除"不充分的、无关的或不在相关的、超出处理目的的"个人信息的法律义务，否则将侵犯数据主体的被遗忘权。

于 2018 年生效的 GDPR 首次将被遗忘权以法定权利确立在法条中，它规定："数据主体有权要求控制者删除其个人数据的权利。"但被遗忘权只能在特定情形下行使。GDPR 列举七种情况：（1）当个人数据对于实现其被收集或处理的相关目的不再必要。（2）数据处理者以数据主体同意作为其持有个人数据的合法性基础，当数据主体撤回同意且无其他法律依据。（3）数据主体基于合法利益作为数据处理基础，当数据主体行使拒绝权拒绝其处理他们的个人数据，并且再无任何无其他更优法律依据。（4）数据主体反对基于营销而处理个人数据时，数据控制者有义务停止处理并及时删除个人数据。（5）个人数据被非法处理时。（6）数据控制者基于遵守欧盟或欧盟成员国法律规定的强制性义务而删除个人数据。（7）未取得儿童监护人同意而处理儿童数据时，主体享有被遗忘权。

然而正如所有权利行使都有其边界一样，被遗忘权的行使也需要受到一定的限制。在某些情形下，当被遗忘权与其他权利发生冲突时，被遗忘权是不能够适用的。GDPR 对这些情形进行了列举，这些情形分别包括：（1）当行使言论表达自由权。（2）履行法定义务。（3）为执行基于公共利益或公权力机关要求的工作。（4）以公共利益、科学研究、历史研究或以统计为目的处理个人数据，删除个人数据将不能或严重阻碍处理过程的完成。（5）设立、行使或者为法定权益辩护的。除以上情形不能行使被遗忘权以外，GDPR 还规定了两种豁免情形，当豁免情形出现时，信息处理者可以拒绝删除公民个人信息，两种情形分别为：明显无根据以及过度请求。ICO 还对什么叫作明显无根据、过度请求进行了详细解释。这两类豁免情形是为了防止公民以行使删除权为借口，实际上损害处理者利益，或给处理者制造不合理负担的不当行为的出现。

三、被遗忘权与删除权

"被遗忘权第一案"在我国学术与实务界都引起了广泛讨论，对"被遗忘权"的相关研究也逐步深入。在这些讨论之中，不少学者尝试对欧盟被遗忘权进行梳理和解读，被遗忘权和删除权的关系就是其中无法绕开的一环。

立法对被遗忘权和删除权的探索也没有停下脚步。我国有关删除权的规定首次出现在 2012 年全国人大常委会出台的《关于加强网络信息保护的决定》第 8 条中，该条赋予了公民要求网络服务提供者删除侵犯其合法权益信息的权利，确认了我国删除权的法定概念。《网络安全法》第 43 条、《民法典》第1037条后续对删除权的范围进行了扩展和延伸，自然人发现信息处理者违反法律、行政法规的规定或者双方的约定处理其个人信息的，有权请求信息处理者及时删除。可以看出，《民法典》出台时，删除权的内容就有了一定变化。从删除权的主体角度出发，负有删除义务的主体从网络服务提供者扩展到了信息处理者；从保护范围角度出发，可以要求删除的情景也由之前的"侵犯其合法权益的网络信息""受到商业性电子信息侵扰的"拓展到了"违反法律、行政法规规定或者双方约定处理其个人信息的"。可以看出，在《个人信息保护法》出台之前的删除权范围，相对于欧盟被遗忘权的范围更为狭窄。

然而随着云计算、大数据等互联网经济产业的蓬勃发展，个体信息安全风险、隐私泄露风险增加，我国法定删除权的范围在不断适应和调整。我国《个人信息保护法》第47条赋予在特定情形下个人信息处理者删除信息的法定义务以及数据主体的删除权。该条规定的权利范围除保留《民法典》《网络安全法》相关内容外，还吸收了GDPR第17条的相关规定，将"个人撤回同意"，"处理目的实现或为实现目的的处理已不再必要"加入其中。与GDPR第17条内容不同的是，我国《个人信息保护法》将删除上述信息作为个人信息处理者的法定义务，并将信息处理者未履行该法定义务作为公民行使删除权的前提。这表明，当第47条情形出现时，即使个人未要求信息处理者删除个人信息，信息处理者也应当主动履行其法定义务，以此可以看出我国对公民个人信息进行保护的决心和力度。

14 人死后，存在云端的个人信息怎么办？

一、人格权独立成编用意何在？

2021年发生的诸多事件中，对人们的日常生活影响最大的莫过于《民法典》的生效。与其他国家的《民法典》相比，我国《民法典》在编撰体例上有一大特色，即人格权独立成编。

这一创造性的体例安排，不仅全面强化了对人格权的保护，落实了十九大关于强化人格权保护的精神，维护了人格尊严，而且弥补了传统大陆法系"重物轻人"的体系缺陷，为人格权法未来的发展提供了足够的空间。更重要的是，它回应了科技发展和社会发展的需要，充分展示了法律的人文关怀。

科技的发展给人类带来了诸多福祉，人们在享受科技带来的便利的同时，也不得不面临着针对人格权的诸多挑战。这其中，最为突出的便是对个人信息权益的威胁。有关个人信息的保护，我国《民法典》主要有以下几个特点：

第一，个人信息不仅仅包括通过身份信息加以识别，还包括通过行为加以识别。《民法典》第 1034 条对个人信息的定义进行了界定，指出个人信息是以电子或者其他方式记录的能够单独或者与其他信息结合识别特定自然人的各种信息，包括自然人的姓名、出生日期、身份证件号码、生物识别信息、住址、电话号码、电子邮箱、健康信息、行踪信息等。同时提出个人信息中的私密信息，适用有关隐私权的规定；没有规定的，适用有关个人信息保护的规定。

第二，未经自然人同意，严格禁止向他人非法提供个人信息。《民法典》第 1038 条规定，信息处理者不得泄露或者篡改其收集、存储的个人信息。同时该条规定了个人信息保护的"授权同意"规则及其例外情况，即未经自然人同意，不得向他人非法提供其个人信息，但是经过加工无法识别特定个人且不能复原的情况除外。

第三，明确了个人信息处理者的义务。信息处理者应当采取技术措施和其他必要措施，确保其收集、存储的个人信息安全，防止信息泄露、篡改、丢失；发生或者可能发生个人信息泄露、篡改、丢失的，应当及时采取补救措施，按照规定告知自然人并向有关主管部门报告。

第四，未明确使用"个人信息权"，使用的是"个人信息"的字样，因此，遵照立法者的这一规定，个人信息在我国法律中，不是一种独立的人格权利，而是自然人享有的一种权益，相应地，法律对其保护稍稍弱于对隐私权的保护。

二、人走茶凉?

随着大数据信息技术的发展，对个人信息的保护逐渐受到重视。《民法典》《网络安全法》等均对自然人的个人信息保护作出了规定，《民法典》中个人信息的主体是活着的自然人，那么自然人死亡后，其遗留的个人信息是否应该受到保护呢?

虽然现行法律对死者个人信息保护未作出明确规定，但并不意味着死者个人信息不受法律保护。根据《民法典》第994条的规定，死者的姓名、肖像、名誉、荣誉、隐私、遗体等受到侵害的，近亲属可主张行为人承担民事责任。

《个人信息保护法》第49条在这依规定的基础上，明确了自然人死亡的，其近亲属为了自身的合法、正当利益，可以对死者的相关个人信息行使本章规定的查阅、复制、更正、删除等权利。这一规定一方面扩大了个人信息保护的权利主体和保护范围，使得个人信息能够得到更全面、完整的保护；另一方面也有助于解决目前现实中日益增多的因自然人去世引发的个人信息纠纷问题。

值得注意的是，法律规定的死者个人信息权益由近亲属代为行使，在现实生活中，近亲属并非只有在受到侵害时才能主张权利，更多的可能是要求个人信息处理者予以协助行使其告知、查阅等一系列权利。问题在于，如果死者在生前未对自己的个人信息作出任何安排，那么死后当其近亲属之间的意见不统一，应该怎么办? 法律有规定的按照其规定。在遵循利益最大化的原则下，可以参照《民法典》人格权编中其他相类似条款的规定，选择对死者最有利的方案。

三、对死者个人信息的保护究竟在保护什么？

实践中，对死者个人信息的保护，呼声更多的是保护死者近亲属获得死者个人数据的权利，以实现近亲属对死者的纪念和追思。

据意大利《晚邮报》报道，2020 年 3 月，在米兰从事厨师工作的 25 岁西西里男子卡罗尔先生因车祸去世。卡罗尔的父母打算为儿子举办一场追思会，以此来缅怀逝去的儿子。为此，父母想要选取儿子手机中的生活照片、视频，以及作为厨师的儿子在手机软件里记下的一些食谱。虽然卡罗尔的手机在车祸中被毁，但其手机数据已上传至苹果公司的云盘同步储存服务器中。当两位老人向苹果公司提出申请时，苹果公司以"保护客户数据安全"为由拒绝了其申请。他们与苹果公司协商无果后，一纸诉状将其告上了法庭，向米兰法院提起了诉讼。

实际上，苹果公司也面临着艰难的选择。于情，面对遭遇变故的父母，以及来自舆论"无情""冷血"等控诉的压力，让其不得不思考是否要提供死者的个人信息；于理，其云盘服务的法律协议中确实规定了"无尚存者取得权"，并写明：除法律另行要求外，当苹果公司收到客户的身故证明副本后，客户账户就可能被终止，账户中的所有内容可能被删除。因此，一旦苹果公司答应这对夫妻的诉求，很可能会面临一场更大的风波。最终，苹果公司依据美国《电子通讯隐私法》要求卡罗尔的父母提供一系列法律证明，以证明他们是死亡用户个人信息的合法继承人，且已获得死者的同意等。

针对这一案件，法院指出，根据意大利 2018 年对《隐私法》的一条修正细则，人们可选择是否让继承人获得其个人数据，但在没有明确书面禁止的情况下，数据权利归为出于家庭原因而应当保有数据者所有。同时，法院还认为，本案中"父母与孩子间存在的纽带关系"及"父母希望留下回忆所进行的纪念活动"这两个要素完全符合欧洲《通用数据条例》所保护的合法诉求。最终，米兰法院判决苹果公司向夫妻二人提供云盘中卡罗尔的个人数据。

随着手机等电子设备的普及，人们越来越倾向将个人信息存储在电子设备中，一旦用户去世，这些个人信息将会面临如何处理的问题，米兰法院关于类似事件的处理方式值得借鉴。

归根究底，这类问题的本质在于弄明白这样一个问题：对死者个人信息的保护，保护的究竟是谁的利益？对这一问题的理解，目前存在不同的观点。有学者认为，其保护的是死者的利益；有学者则认为，其保护的是死者背后近亲属的利益。

《民法典》第994条规定：死者的姓名、肖像、名誉、荣誉、隐私、遗体等受到侵害的，其配偶、子女、父母有权依法请求行为人承担民事责任；死者没有配偶、子女且父母已经死亡的，其他近亲属有权依法请求行为人承担民事责任。当死者的权益受到侵害时，法律仅仅赋予死者的近亲属以赔偿请求权，其他人均无权请求赔偿。另外，《个人信息保护法》第49条规定：自然人死亡的，其近亲属为了自身的合法、正当利益，可以对死者的相关个人信息行使本章规定的查阅、复制、更正、删除等权利。其中，从"为了自身的合法、正当利益"一说，也可以推知，对死者利益的保护，其背后隐藏的是对其活着的近亲属权益的保护。

15 个人信息泄露，企业如何对我负责？

大数据时代，我们一直处于个人信息风险高发的状态，其中信息泄露尤甚，其巨大的经济利益诱惑、潜在的生命财产威胁成为当今难以回避、必须迎头解决的难题。2018年8月，大型连锁酒店华住集团被曝约5亿条用户数据在暗网出售，旗下包括汉庭、桔子、全季、宜必思等知名连锁酒店均中招。根据出售人在暗网发布的消息，此次泄露的数据包括1.23亿条华住官网注册资料、1.3亿条酒店入住时登记的身份信息、2.4亿条酒店开房记录，包含了姓名、手机号、邮箱、身份证、家庭住址、生日、登录密码、内部 ID 号、同房间关联号、卡号、入住时间、离开时间、房间号、消费金额等个人私密信息。如此重大的信息泄露事件自《网络安全法》实施以来尚属首次，极大威胁了公民的人身财产安全。除了黑客攻击，"内鬼"的破坏力也是惊人的。2020 年，圆通员工长期违规异地查询非本网点运单号信息，导致大量客户隐私信息泄露，波及河北、河南、山东等全国多个省市，涉案金额 120 余万元。当前警方已抓获主要犯罪嫌疑人。

近年来，这样的案件屡屡出现在新闻头条，人们不禁想问：我的信息被泄露了，企业应该承当什么责任？

第一，在搞清这个问题前，我们得确认什么是个人信息泄漏。《个人信息保护法》等相关法律对泄漏进行定义，结合 GDPR 等国外相关法律，个人信息泄露一般是指违反安全规定，导致意外或非法破坏、丢失、更改、未经授权披露或访问个人数据。这也意味着个人信息泄漏不仅是丢失个人信息，还可能包括未经授权的第三方访问、向错误收件人发送个人信息以及因个人信息控制者故意或意外的行为等。个人信息泄露可以广义地定义为影响个人数据的机密性、完整性或可用性的安全事件，并可分为以下三类：违反数据机密性，有未经授权或意外披露，或查阅个人数据；违反数据完整性，个人数据未经授权或被意外更改；违反数据可用性，发生意外或未经授权的访问，或销毁个人数据。

另外，根据《关于办理侵犯公民个人信息刑事案件适用法律若干问题的解释》规定，非法获取、出售或者提供行踪轨迹信息、通信内容、征信信息、财产信息五十条以上的，就属于刑事犯罪。因此，举重以明轻，即使少量的数据泄漏也可能是个人信息泄漏。

第二，企业对掌握的个人信息负有安全责任，应当事先做好各项安全措施和安全制度。《个人信息安全规范》设立了"个人信息安全事件处置"专节，对此作了详细规定。例如，企业应制定个人信息安全事件应急预案，能够有效应对包括蠕虫攻击、木马病毒等网络攻击，做到防患于未然。针对人员管理和培训，企业应定期（至少每年一次）组织内部相关人员进行应急响应培训和应急演练，使其掌握岗位职责和应急处置策略和规程。除此之外，企业还可以开展适当的风险评估，评估自身管理制度是否符合相关要求；采用分级分类的方法限制人员的访问权限，做到必要人员接触必要信息；加强和巩固技术手段，采取适当的组织、物理和技术安全措施，及时了解世界网络安全事件和发展水平，定期更新防控系统，如进行补丁管理和使用适当的反恶意软件检测系统。同时，拥有一套独立的备份将有助于有效应对网络攻击事件等。

第三，当个人信息泄漏时，企业要及时履行补救措施和报告义务。《个人信息保护法》第 57 条明确规定，发生或者可能发生个人信息泄露、篡改、丢失的，个人信息处理者应当立即采取补救措施，并通知履行个人信息保护职责的部门和个人。例如，一家企业的客户数据库被盗，其数据可能被用来进行身份欺诈，鉴于这些个人可能遭受的经济损失或其他严重后果，企业应当尽快予以通知监管部门和个人。补救措施应当视情况而定，应当记录任何被泄露的个人信息，并通过更改口令、回收权限、断开网络连接等方式控制或消除个人信息的安全风险。这些措施应当遵守两个基本要求：一是一旦知晓泄漏事件必须立即采取补救措施，二是所有的措施应当以最大可能减少个人信息主体的损失或者威胁作为目标。

如果个人信息处理者采取措施能够有效避免信息泄露造成损害的，个人信息处理者可以不通知个人。例如，仅仅是员工电话号码及姓名的丢失或被不适当地更改，或者专职医生将不正确的病历发送给另一个专职医生，能够立即通知和安全删除信息的，这些都不太可能对个人的权利和自由造成危险，不需要进行通知。此外，监管部门认为个人信息泄露可能对个人造成损害的，有权要求个人信息处理者通知个人。

对于通知的内容，《个人信息保护法》采用列举的方式要求企业做好通知工作，包括个人信息泄露的原因、泄露的个人信息种类和可能造成的危害、已采取的补救措施、个人可以采取的减轻危害的措施以及个人信息处理者的联系方式。对于通知的形式，《个人信息安全规范》也进行了规范，要求企业应及时将事件相关情况以邮件、信函、电话、推送通知等方式告知受影响的个人信息主体。难以逐一告知个人信息主体时，应采取合理、有效的方式发布与公众有关的警示信息。对于通知的时间，暂时没有明确规定，但结合 GDPR 等国外相关法律，通常需要立即向监管部门报告个人信息泄漏事件，不得无故拖延，并规定了 72 小时的时限，如果超过这个时限，还应当说明延误原因。

第四，如果企业没有履行补救措施和通知义务的，还将面临高额的处罚。《个人信息保护法》规定了违反上述义务的，由履行个人信息保护职责的部门责令改正，给予警告，没收违法所得，对违法处理个人信息的应用程序，责令暂停或者终止提供服务；拒不改正的，并处一百万元以下罚款；对直接负责的主管人员和其他直接责任人员处一万元以上十万元以下罚款。情节严重的，由省级以上履行个人信息保护职责的部门责令改正，没收违法所得，并处五千万元以下或者上一年度营业额百分之五以下罚款，并可以责令暂停相关业务或者停业整顿、通报有关主管部门吊销相关业务许可或者吊销营业执照；对直接负责的主管人员和其他直接责任人员处十万元以上一百万元以下罚款，并可以决定禁止其在一定期限内担任相关企业的董事、监事、高级管理人员和个人信息保护负责人。此外，此类非法行为还应当依照有关法律、行政法规的规定记入信用档案，并予以公示。这样的处罚力度是前所未有的，这既是顺应了世界各国大力发展数据经济、持续加强数据安全的潮流，也反映了人民群众对于自身个人信息权益的日益关注和切身感受。

2021 年 1 月，欧盟数据保护委员会（EDPB）发布了《数据泄露通知指南》，采取了案例形式更加生动地介绍了企业应当采取的措施。通常，企业雇员有权访问公司数据库，甚至复制业务数据。几个月后，离职后的雇员利用由此获得的数据（主要是基本的联系数据）联系公司的客户，想借此抢走前公司的客源。然而，公司之前没有任何防范措施，也没有采取任何措施来阻止该员工复制公司客户的联系信息，因为这是在职员工正常的业务工作。这其实就是所谓的"内鬼"盗取。这种数据泄露可能是最难防止的，访问范围的限制可能会限定员工所能做的工作。这种类型的破坏通常是对机密性的破坏，因为数据库通常是完整的，其内容"仅仅"被复制以供进一步使用。受到影响的个人信息数量通常不会太高。

在上述情况下，难以减轻数据泄露产生的不利影响。企业首先需要立即采取法律行动，防止前雇员进一步滥用和传播这些数据。企业应当通过发送法律通知等形式，要求前雇员停止使用这些数据。这类事件其实没有"一刀切"的解决办法，但通过强化系统的方法可能有助于预防这种情况的发生。例如，在可能的情况下，公司可能会考虑从那些发出辞职信号的员工那里撤销某些形式的访问，或者执行访问日志，以便记录并标记不需要的访问。与员工签订的合同中应包括禁止此类行为的条款。总而言之，由于发生的数据泄露不会对自然人的权利和自由造成高风险，只需向监管部门发出通知就足够了。然而，根据《个人信息保护法》未达到有效避免信息泄露造成损害的，必须通知个人信息主体。况且，客户得到的信息可能对企业也有好处，因为他们从公司那里听到数据泄露的消息可能比从试图联系他们的前员工那里听到要好。

第五，除了行政救济，个人还可以通过司法救济来保护自己的个人信息权益。《个人信息保护法》明确规定，个人信息权益因个人信息处理活动受到侵害，个人信息处理者不能证明自己没有过错的，应当承担损害赔偿等侵权责任。损害赔偿责任按照个人因此受到的损失或者个人信息处理者因此获得的利益确定；个人因此受到的损失和个人信息处理者因此获得的利益难以确定的，根据实际情况确定赔偿数额。该条款首次明确了个人信息处理者的先行证明责任，举证责任倒置，要求其先"自证清白"，平衡了个人和企业的举证能力，换言之，企业需要在法庭上先证明自身没有过错。对于赔偿金额的要求与侵权责任法一脉相承，这也是应有之意。

16 互联网巨头有哪些个人信息保护的特殊义务？

网络聊天、刷脸付款、地图导航、12306 买车票等，随着信息化建设的日益深入，几乎所有人都无可避免地"卷入数据洪流"，每时每刻都在产生和上传自己的数据，互联网巨头们则成了关键先生。第三次工业革命——信息控制技术的巨大进步，极大改变了人们的日常生活和工作。与此同时，大型互联网公司捕获了海量的个人信息和惊人的经济效益，然而由于法律的滞后性，其法律责任和义务并没有及时跟进。那么，互联网巨头应当履行哪些个人信息保护的义务呢？

在研究这个问题前，首先要弄清什么是互联网平台。《个人信息保护法》第58条明确规定，提供重要互联网平台服务、用户数量巨大、业务类型复杂的个人信息处理者，应当履行特殊法律义务。《国务院反垄断委员会关于平台经济领域的反垄断指南》第2条指出，"互联网平台"是指通过网络信息技术，使相互依赖的双边或者多边主体在特定载体提供的规则下交互，以此共同创造价值的商业组织形态。类似腾讯、阿里巴巴、字节跳动等大型互联网公司均可以纳入这个范畴，但这些描述性的语句难以作为衡量标准，国家还应当尽快出台相关法律依据。

此外，我们可以参考欧盟《数据市场法》(the Digital Markets Act) 中"守门人"(doorkeeper) 的概念。守门人通常控制着至少一种核心平台服务 (如搜索引擎、社交网络服务、特定信息服务、操作系统和在线中介服务等)，充当着企业用户连接消费者的重要门户，拥有持久、庞大的用户基础，在欧洲数字市场占据或预期占据稳固而持久的地位，因而在事实上拥有规则制定的权力。守门人通常需满足如下三个定量条件：

第一，影响内部市场的规模：过去三个会计年度，在欧洲经济区（EEA）内的年营业额不低于65亿欧元，或过去一个会计年度，平均市值或等值的企业市值不低于65亿元，且向至少三个成员国提供核心平台服务。

第二，控制企业用户接触终端用户的重要门户：企业运营的核心平台服务在上一会计年度有超过450万的月活跃欧盟终端用户或1万的年活跃欧盟企业用户。

第三，已经享有或可以预期即将享有稳固、持久的地位：过去三个会计年度，每个年度均符合以上两个标准。

如果前述定量要求全部满足，将会被推定为"守门人"，除非企业提交强有力的证据予以反驳。如果前述三项要求并没有都达到，委员会可以通过市场调查，评估该公司的具体情况，决定是否将其认定为"守门人"。综合以上因素，我国在制定互联网平台标准时，可以按照营业额、企业市场、活跃用户等方面进行限定。

《关于构建更加完善的要素市场化配置体制机制的意见》等文件已明确指出，数据是重要的生产要素。作为数字经济新组织物种的互联网平台，其实质是作为流量入口的海量多样化实时动态的数据集合体，平台可以利用巨量的黏性用户资源，通过自身营造的网络生态系统吸引千万流量、汇聚海量信息，进而形成强连接的网络效应。因此，互联网平台企业在此期间"受益匪浅"，甚至成了一个个"巨无霸"。如何为互联网平台企业配置合理的权利和义务，是实现信息主体的核心利益和国家在个人信息保护秩序中的公共管理利益的核心环节。对此，《个人信息保护法》从保护公民个人信息权益角度出发，对互联网平台提出了更高的要求。

一、成立外部独立机构

《个人信息保护法》第 58 条规定，成立主要由外部成员组成的独立机构对个人信息处理活动进行监督。该条款要求个人信息处理者接受外部监督，设立外部监督机构能够更好督促个人信息处理者合法、正当、必要的处理个人信息，一定程度上提高其处理个人信息活动的透明度。这个制度与"独立董事"有一定相似，随着企业发展壮大，必然面临企业所有权与经营权的分离，通过创设独立董事制度来改变经营者决策权力的结构，达到监督、制衡的作用，从而保证经营者不会背离所有者的目标，促进代理与委托双方利益的一致，控制代理成本，提高运营效益。独立机构相当于个人信息保护的"独立董事"，制约互联网平台更好履行个人信息处理者的各项义务。此外，

《个人信息保护法》也要求企业内部设置"个人信息保护负责人"，对平台的个人信息处理行为负有监督、管理的义务。如此就形成了全面的个人信息处理内外部监督机制。

二、规制平台内的产品或者服务

《个人信息保护法》第58条规定，对严重违反法律、行政法规处理个人信息的平台内的产品或者服务提供者，停止提供服务。这就要求互联网平台充当"准行政执法机构"的角色，强化对自身平台内的产品或者服务提供者的监管力度。其实，该条款早在《网络安全法》就有涉及，其中第47条规定，"网络运营者应当加强对其用户发布的信息的管理，发现法律、行政法规禁止发布或者传输的信息的，应当立即停止传输该信息，采取消除等处置措施，防止信息扩散，保存有关记录，并向有关主管部门报告"。之所以有这样的要求，是因为互联网各类信息和数据的技术关口都掌控在互联网平台手中，如果不能从源头关口把控平台内的产品或者服务，面对天文数字的网络信息，单凭行政机关的人海战术，是永远无法做好监管工作的，也难以达到监管效果。例如，当前各地对互联网广告的监管方式还是人工搜索巡查为主，缺乏有效的网上搜索巡查技术工具，工作量巨大，监管效能极低，更容易被互联网广告违法者绕开、规避，常常是"看得见的管不着，管得着的看不见"。网络监管是行政机关面临的新业态、新难题，在不断改进升级监测系统的同时，完全可以要求本身具有较高技术水平的互联网平台共同治理，形成保障个人信息权益的护城河。因此，必须充分发挥互联网平台的自我规制能力，强调源头治理、算法治理、动态治理，更好保护公民权益。

三、接受社会监督

《个人信息保护法》第58条规定，定期发布个人信息保护社会责任报告，接受社会监督。企业和市场是不能脱离社会，独立存在于真空的，"客户就是上帝"的理念也折射出企业的生产最根本的依赖就是消费者。自然，互联网平台也应当肩负起保护个人信息的社会责任。虽然商业原则强调效率和竞争，追求在优胜劣汰中不断提升经济整体运行效率，但互联网平台毕竟是一个特殊实体，拥有海量用户和指数型增长的个人信息，理应更加强调公平和包容，要照顾到社会全员，希望人人都能从发展中获益，要求建设社会保障网络接纳失业和抚慰掉队的社会成员，实现整体的和谐可持续发展。互联网平台定期发布个人信息保护社会责任报告，既是保障个人信息权益的宣言，也是规制自身合理合法发展的"枷锁"。这有利于增强用户信心，有利于改善企业形象，有利于规范行业行为，更有利于促进权益保护。

"监督者控制潜在危险的义务通常来源于他对危险源的控制能力。"任何人对自己控制的场所等负有相应的安全保障义务，互联网平台也应当对其管控的网络空间负有适度管控和注意义务，这遵循了收益与风险相一致原则。一方面，互联网平台作为利益享有者，其面向社会提供产品或服务，从事以获利为目的的营利性活动，从用户中获取经济利益，同时应当保护用户的权益。另一方面，互联网平台作为管理者，具有专业知识、能力、技术，能够预见可能发生的危险和损害，更有可能采取必要的措施防止损害的发生或减轻损害。因此，额外赋予互联网平台特殊义务，要求对其支配的个人信息进行特殊保护和管理，是应对信息风险社会行之有效的治理路径。

数字世界与现实世界的疆界上，强有力的守门人是必不可少的。互联网平台企业作为数字世界在现实世界中的载体，用户与社会成员重合、场景与日常生活重合、留存与真实世界重合、规则与计算过程重合，是公民权益的天然守护者。互联网平台企业应当始终秉持科技向上、服务人民的理念，加强自身合规建设，强化社会责任意识，进一步创造更大的社会福祉。

四、制定平台规则、明确保护义务

《个人信息保护法》第58条规定，应当遵循公开、公平、公正的原则，制定平台规则，明确平台内产品或者服务提供者处理个人信息的规范和保护个人信息的义务。

当前，互联网平台成为数字经济发展的重要组成部分，其规模和影响力呈现爆发式增长态势。人人离不开网络，人人都需要网络。网络给人们带来了极大便捷的生活方式和超高效率的工作模式，同时也促成了互联网平台的"巨无霸"形态。互联网平台发展的方向和质量直接影响着数字经济发展的效率和质量。数字经济时代，新问题随着新业态的发展不断涌现，出现了未经授权转让个人信息、个人信息泄露、信息内容优劣混杂等诸多问题。面对海量主体和无数信息，仅依靠监管部门的力量是远远不够的，明确平台治理主体地位、赋予平台制定规则职责成为一条行之有效的方法。

17 面对个人信息的侵害，我们该怎么办？

大数据应用作为一种新兴领域的发展为社会治理、提升公民生活便捷程度注入了新的活力。2021年发布的《上海市国民经济和社会发展第十四个五年规划和二〇三五年远景目标纲要》中指出，必须全面推进城市数字化转型。依托超大城市海量数据、市场规模和应用场景优势，以数字技术创新带动科技变革、产业变革和城市治理方式变革，实现整体性转变、全方位赋能、革命性重塑。必须全面拓展和优化城市发展空间。由此可见，在下一轮的经济改革发展中，大数据的应用将发挥重要作用，地位显著。

同时，随着大数据时代的到来，个人信息数据保护问题引起了更广泛的关注和热议。与公民息息相关的健康数据、行程数据、消费数据、教育数据等各类与公民生活密切关联的隐私数据正处于能够被更加便捷化收集的场景中。由大数据全面发展引发的数据安全问题、个人信息保护问题、网络安全问题亟须相关法规进行规制。2018年，江苏省盐城市公安局在"净网清源"行动中发现一装饰工程公司非法购买公民个人信息，共有10万余条个人信息被倒卖或交换，涉案装饰工程公司借此获利2万余元。同年，顺丰快递共3亿条信息数据被泄露。2019年，江苏淮安警方以"打链条、打平台、打团伙"为目标，依法打击了7家涉嫌侵犯公民个人信息犯罪的公司，涉嫌非法缓存公民个人信息1亿余条，其中，拉卡拉支付旗下的考拉征信涉嫌非法提供身份证返照查询9800多万次，获利3800万元。由此可见，由于非法利用个人信息数据能够带来巨额的经济利益，且缺乏有效的部门监管，个人信息泄露的问题正在成为吞噬大数据时代带来的广泛红利，而将大数据的应用推向深渊。保护公民的个人信息，使公民的隐私权不受侵害迫在眉睫。

2021年，我国正式进入民法典时代。在《民法典》第1032条第1款明确宣示"自然人享有隐私权"。同时，该条第2款对"隐私"的内涵进行了界定，即"自然人的私人生活安宁和不愿为他人知晓的私密空间、私密活动、私密信息"。由此可见，《民法典》对于公民隐私的保护以及对于个人隐私的界定已经作出了明确的定义，这为个人隐私的保护提供支撑和保障。

随着全面依法治国进程的不断推进，公民对于个人信息保护的诉求也愈来愈强烈。目前，数据市场的监管部门、监管方式也逐渐明晰。当公民的个人信息受到了侵害，我们可以向哪些监管部门寻求帮助呢？在《个人信息保护法》的第六章，专题规定了履行个人信息保护职责的部门以及相关职能。根据《个人信息保护法》第60条规定，目前，国家网信部门负责统筹协调个人信息保护工作和相关监管工作。国务院有关部门依照本法和有关法律、行政法规的规定，在各自职权范围内负责个人信息的保护和监督管理工作。同时，县级以上地方人民政府有关部门的个人信息保护和监督管理职责，按照国家有关规定确定。这些部门统称为履行个人信息保护职责的部门。值得注意的是《个人信息保护法（草案一次审议稿）》中，并未明确网信办的统筹协调职能和国务院的保护及监管职能，而在最终通过的《个人信息保护法》中进一步厘清了两者的分工，个人信息、保护的履职部门更加清晰。

那么在明确了个人信息保护由哪些部门负责的基础上，这些履行个人信息保护职责的部门又该具体行使哪些保护职责呢？第61条明确规定，履行个人信息保护的部门要开展个人信息保护宣传教育，指导、监督个人信息处理者开展个人信息保护工作。同时，要接受、处理与个人信息保护有关的投诉、举报并调查、处理违法个人信息处理活动以及法律、行政法规规定的其他职责。同时，对于国家网信部门的统筹协调职能，第62条进一步明确了四项具体措施："（一）制定个人信息保护具体规则、标准；（二）针对小型个人信息处理者、敏感个人信息以及人脸识别、人工智能等新技术、新应用，制定专门的个人信息保护规则、标准；（三）支持研究开发和推广应用安全、方便的电子身份认证技术，推进网络身份认证公共服务建设；（四）推进个人信息保护社会化服务体系建设，支持有关机构开展个人信息保护评估、认证服务；（五）完善个人信息保护投诉、举报工作机制。网信部门的保护措施的进一步细化为开展具体监管工作指明了明确方向。

结合整个第六章以及第七章的部分内容规定来看，可以将监管部门的保护职能根据"事前、事中、事后"三个维度来解读。

第一，事前预警。履行个人信息保护职责的部门在履行职责中，发现个人信息处理活动存在较大风险或者发生个人信息安全事件的，可以按照规定的权限和程序对该个人信息处理者的法定代表人或者主要负责人进行约谈。个人信息处理者应当按照要求采取措施，进行整改，消除隐患。在这个阶段，主要属于风险的防控阶段，在存在个人信息安全隐患，但尚未造成严重违法后果时，个人信息保护职能部门可以依职权并依照相关程序，以必要手段，消除风险隐患。2021年2月14日晚，国家互联网信息办公室指导北京市互联网信息办公室，针对凤凰网存在刊发非规范稿源新闻信息、凤凰新闻客户端持续传播低俗庸俗信息等问题，严肃约谈凤凰网负责人，责令企业立即停止违规行为。4月7日，国家互联网信息办公室指导北京市互联网信息办公室，针对百度 App 多个频道存在严重违规问题，严肃约谈百度公司负责人，要求立即停止违规行为。百度 App 推荐频道、图片频道、视频频道、财经频道、科技频道自 4 月 8 日上午 9 时起暂停更新，清理违规内容，开展深入整改。由此可见，个人信息保护职责部门正在全面落实风险防控职能，以"前端规制"为原则，按照规定的权限和程序对涉及个人信息违规处理者的法定代表人或者主要负责人进行约谈，全面筑起保护个人信息的安全网络。

2021 年 5 月 21 日，针对人民群众反映强烈的部分 App 非法获取、超范围收集、过度索权等侵害个人信息的现象，国家互联网信息办公室依据《中华人民共和国网络安全法》《App 违法违规收集使用个人信息行为认定方法》《常见类型移动互联网应用程序必要个人信息范围规定》等法律和有关规定，组织对短视频、浏览器、求职招聘等常见类型公众大量使用的部分 App 的个人信息收集使用情况进行了检测。并正式通报了包括"抖音"在内的 105 款 App 违法违规收集使用个人信息情况。主要涉及短视频类 App 情况、浏览器类 App 情况、求职招聘类 App 情况、实用工具类 App 情况。同时，相关部门针对检测发现的问题，要求涉及的 App 运营者应当于通报发布之日起 15 个工作日内完成整改。在这个过程中，网信部门肩负起监督、警示、纠正违法行为的重要职能，为完善数据监管开展有益实践。在通报的 105 款 App 违法违规收集使用个人信息的情况中，"违反必要规则，收集与提供的服务无关的个人信息"以及"未经过客户同意，收集个人信息"是存在最多的问题。根据《移动互联网应用程序和个人信息保护管理暂行规定（征求意见稿）》的要求，从事 App 个人信息处理活动的，必须坚持"最小必要"原则，应当具有明确、合理的目的，不得从事超出用户范围或者与服务场景无关的个人信息处理活动。国家信息监管部门依据"最小必要"原则，正在对常用手机软件存在的非法非必要收集个人信息的行为开展规制和警示，以回应人民群众对于信息安全的需求与呼声。

第二，事中处置。在《个人信息保护法》第 63 条中，具体规定了履行个人信息保护职责的部门可以采取的具体措施，包括必要的询问以及检查、调查活动，对有证据证明是违法个人信息处理活动的设备、物品，可以查封或者扣押等。

"（一）询问有关当事人，调查与个人信息处理活动有关的情况；（二）查阅、复制当事人与个人信息处理活动有关的合同、记录、账簿以及其他有关资料；（三）实施现场检查，对涉嫌违法个人信息处理活动进行调查；（四）检查与个人信息处理活动有关的设备、物品；对有证据证明是违法个人信息处理活动的设备、物品，可以查封或者扣押。"

在上海，网信部门重拳出击，会同上海公安机关打击自媒体"黑公关"行为，对以删帖方式实施敲诈勒索的微信公众号"资金局"予以依法关闭，公众号运营负责人被警方采取刑事强制措施。上海网信办重点整治音视频网站、网络直播平台、导航和聚合类平台、互动交友平台和自媒体等五大领域。督促指导哔哩哔哩、小红书等直播平台在主播分级分类管理、未成年人保护等重点环节建章立制，实施"直播带货""直播打赏"规范管理细则，压实企业的主体责任。联合多个涉网管理部门约谈比心陪练 App 运营负责人，责令停止传播危害未成年人身心健康的有害信息，暂停更新问题频道，上海网信办正在监管的关键环节全面展开相应措施。

第三，事后追责：《个人信息保护法》的第七章对于侵害个人信息的违法行为可能引发的法律后果进行了详细阐释。

在个人信息保护的过程中，除了需要法律支持、监管保障外，提升公民对于个人信息的保护意识、提高公民对于受到侵害后的救济意识同样意义重大。那么当我们的个人信息受到侵害后，我们普通老百姓有哪些救济途径呢？《个人信息保护法》65 条具体规定了公民的救济途径：任何组织、个人有权对违法个人信息处理活动向履行个人信息保护职责的部门进行投诉、举报。收到投诉、举报的部门应当依法及时处理，并将处理结果告知投诉、举报人。并且，履行个人信息保护职责的部门应当公布接受投诉、举报的联系方式。在上海，网信部门正在逐步建立社会治理机制，调动社会力量参与网络举报，组建网络阅评员"啄木鸟"团队，对属地重点网站开展巡查举报，共同维护清朗网络空间。据此可以发现，在保护公民个人信息的共同行动中，不仅要赋予监管部门相应的职权作为维护公民隐私权利的保障，同时也要发挥社会各界力量的监督作用，不断提升公民积极维权、主动防范的风险意识、处置能力。

在日常生活中，我们普通老百姓也要多留一个心眼，着重就使用 App 时个人信息获取的关联度、必要性进行审慎的考虑。在其他生活场景中，普通用户尤其对于要求获取个人信息的相关网站注册、小程序验证等采取"非必要，不提供"的原则，一点一滴从个人信息保护的意识提升、措施防范上下功夫，让企图非法获取、使用个人信息的违法分子逐渐减少快速、便捷获得个人信息的途径，为推动个人信息保护贡献自己一分力量。

18 个人信息权利受到侵害，如何维权？

大数据时代，人们不可避免地在不同的场合披露自己的个人信息。而收集个人信息的信息处理者在很多时候难以妥善保管、使用个人信息，以至于出现个人信息泄露、超范围使用等种种现象。这些现象的出现经常会给我们的日常生活带来恶劣的影响，比如由于个人信息泄露常常会导致骚扰电话、诈骗电话等的出现，严重威胁个人生活安宁和财产安全。当个人发现自己的个人信息被泄露或者不当使用时，个人可以采取什么样的措施进行维权？个人信息处理者又会因为自己的违法行为承担什么样的责任呢？

一、协商与投诉、举报

根据《个人信息保护法》第 50 条，个人信息处理者应当建立便捷个人行使权利的申请受理和处理机制，拒绝个人行使权利的请求的，应当说明理由。也就是说，法律规定了个人信息处理者有义务受理、处理个人信息主体行使权利的申请。因此，当个人信息主体发现自己的个人信息被个人信息处理者非法利用，或者个人信息主体要求个人信息处理者履行删除其个人信息、解释说明个人信息处理规则等义务时，个人信息主体可以联系个人信息处理者。根据第 17 条，个人信息处理者应当以显著方式、清晰易懂的语言向个人告知个人信息处理者的身份和联系方式。个人信息主体依据公开的联系方式联系个人信息处理者。

个人信息主体可以在联系个人信息处理者后未获得想要的效果的情况下向有关部门进行投诉、举报，也可以在发现个人信息处理者违法处理的情况后直接向有关部门进行投诉、举报。根据《个人信息保护法》第 65 条规定："任何组织、个人有权对违法个人信息处理活动向履行个人信息保护职责的部门进行投诉、举报。收到投诉、举报的部门应当依法及时处理，并将处理结果告知投诉、举报人。履行个人信息保护职责的部门应当公布接受投诉、举报的联系方式。"应当接受投诉、举报的部门为履行个人信息保护职责的部门。《个人信息保护法》第 60 条对于履行个人信息保护职责的部门作出的规定沿用了《网络安全法》的监管体制，国家网信部门为个人信息保护的协调管理部门，公安部门、工信部门、市场监督管理部门以及其他行业主管部门在各自职责范围内行使监督管理职责。但是履行职责的部门众多，个人往往无法确定向哪些部门进行投诉，此时法律规定了兜底监管部门，分别是：对于经营或者服务活动中的出现的个人信息权利受损，根据《消费者权益保护法》第 56 条，市场监管部门为兜底监管部门；对于经营或者服务活动以外的场合，根据《网络安全法》第 44、64 条，公安机关为兜底监管部门。

二、行政处罚

《个人信息保护法》第 66 条规定："违反本法规定处理个人信息，或者处理个人信息未履行本法规定的个人信息保护义务的，由履行个人信息保护职责的部门责令改正，给予警告，没收违法所得，对违法处理个人信息的应用程序，责令暂停或者终止提供服务；拒不改正的，并处一百万元以下罚款；

对直接负责的主管人员和其他直接责任人员处一万元以上十万元以下罚款。

有前款规定的违法行为，情节严重的，由省级以上履行个人信息保护职责的部门责令改正，没收违法所得，并处五千万元以下或者上一年度营业额百分之五以下罚款，并可以责令暂停相关业务或者停业整顿、通报有关主管部门吊销相关业务许可或者吊销营业执照；对直接负责的主管人员和其他直接责任人员处十万元以上一百万元以下罚款，并可以决定禁止其在一定期限内担任相关企业的董事、监事、高级管理人员和个人信息保护负责人。"

这明确了个人信息违法的法律责任，严厉处罚了违法信息，提高了违法成本。在《个人信息保护法》之前，《网络安全法》第 64 条也对个人信息的违法行为作出行政处罚，但是其罚款的金额上限为 100 万元，对于很多互联网企业来说这样的罚款的金额根本不值一提，因而法律很难真正起到规制企业行为的作用。《个人信息保护法》针对情节严重的违法行为规定了 5 千万罚款上限。这借鉴了欧盟《通用数据保护条例》的规定，该条例最高可以对于企业处以 2 千万欧元或上一财经年度全球营业总额 4% 的行政罚款。和《通用数据保护条例》相同，我国行政处罚计算罚金上限金额的基数是企业的上一年度营业额而非企业利润，导致企业的违法成本大幅度上升。比如，2021年 4 月 10 日，市场监管总局对于阿里巴巴集团的垄断行为作出行政处罚决定。由于市场监管总局在 2020 年对阿里巴巴进行立案调查，因此在罚款计算时，罚款基数为阿里巴巴集团上一年度 2019 年的营业额。阿里巴巴集团2019 年中国境内营业额为 4557.12 亿元，市场监管总局对于此处以 4% 的罚款，计 182.28 亿元。如果阿里巴巴集团违反《个人信息保护法》，依照该法，国家网信部门最高可以对它处以上一年度营业额 5% 的罚款，也就是 228.8亿元，这数字相对于原来只能处以 100 万元而言，简直是天价罚款了。

三、民事诉讼

若个人信息主体觉得联系个人信息处理者或向行政机关举报都难以获

得理想的结果，个人信息主体也可以法院提起诉讼。在以往的个人信息侵权纠纷中，自然人要证明个人信息处理者侵害其权益，需要证明四个要件：（1）对方违法行为存在；（2）对方存在过错；（3）自己存在损失；（4）对方违法行为与自己的损失存在因果关系。最为困扰个人的是要件二，如何证明对方存在过错。复杂的网络技术导致个人信息主体难以理解也难以掌握证据。为了解决这一难题，《个人信息保护法》总结了以往法院在诸如庞理鹏案等判决中的实践经验，在第 69 条规定："处理个人信息侵害个人信息权益造成损害，个人信息处理者不能证明自己没有过错的，应当承担损害赔偿等侵权责任。"这采用了《民法典》第 1165 条的过错推定责任原则，个人信息处理者不必证明对方过错的存在，法律推定个人信息处理者存在过错，其不能证明自己没有过错的，应当承担侵权责任。这加重了个人信息处理者的举证责任，个人信息处理者需要在履行法律规定的个人信息保护义务的同时，积极保存相关证据以证明自己已经履行必要的保护措施。个人信息主体不必再证明个人信息处理者存在过错，不仅使得个人信息主体减轻负担，还可以促使个人信息处理者积极履行个人信息保护义务。个人信息侵权纠纷中，个人信息主体可以获得多少赔偿？依照《个人信息保护法》第 69 条规定，损害赔偿责任按照个人因此受到的损失或者个人信息处理者因此获得的利益确定；个人因此受到的损失和个人信息处理者因此获得的利益难以确定的，根据实际情况确定赔偿数额。

四、公益诉讼

个人可以对企业侵犯其个人信息权益的行为提起诉讼。但是在现实生活中，个人相比互联网企业往往处于弱势地位。由于网络技术的复杂，个人难以掌握理解，且诉讼的时间、金钱成本都过高，只有少部分个人会选择起诉保护自己的权益。这样的情况并不利于个人信息权益的保护，也不利于数字经济的发展。《个人信息保护法》第 70 条规定："个人信息处理者违反本法规定处理个人信息，侵害众多个人的权益的，人民检察院、法律规定的消费者组织和由国家网信部门确定的组织可以依法向人民法院提起诉讼。"该条确定了在个人信息保护领域可以适用公益诉讼制度。公益诉讼制度确立于《民事诉讼法》第55条，其规定"对污染环境、侵害众多消费者合法权益等损害社会公共利益的行为，法律规定的机关和有关组织可以向人民法院提起诉讼"。《民事诉讼法》并未将公益诉讼限制于污染环境、侵害众多消费者合法权益这两类案件之中，"等"表示未来出现的行为也可以适用公益诉讼。由此可见，出现在《个人信息保护法》中的公益诉讼也可以适用《民事诉讼法》关于公益诉讼的规定。

公益诉讼的提出主体有三个：人民检察院、法律规定的消费者组织和国家网信部门确定的组织。虽然三个主体都可以提起公益诉讼，但根据《民事诉讼法》第55条规定，"机关或者组织提起诉讼的，人民检察院可以支持起诉"。因此，检察机关在个人信息保护公益诉讼中也应当处于一个关键的位置。根据《民事诉讼法》，要提起公益诉讼需要满足四个要件：（1）明确的被告；（2）具体的诉讼请求；（3）社会公共利益受到损害的初步证据；（4）属于人民法院受理民事诉讼的范围和受诉人民法院管辖。满足这四个要件，就可以提起公益诉讼。公益诉讼的存在不仅可以降低公民的诉讼成本，也可以降低法院的工作量，并且由于公益诉讼代表一群人的利益，一旦胜诉，个人信息处理者需要支付不小的赔偿费用，这可以督促企业使其更加合规。

附录：《个人信息保护法》全文

中华人民共和国个人信息保护法

（2021 年 8 月 20 日第十三届全国人民代表大会常务委员会第三十次会议通过）

目　　录

第一章 总 则

第一条 为了保护个人信息权益，规范个人信息处理活动，促进个人信息合理利用，根据宪法，制定本法。

第二条 自然人的个人信息受法律保护，任何组织、个人不得侵害自然人的个人信息权益。

第三条 在中华人民共和国境内处理自然人个人信息的活动，适用本法。

在中华人民共和国境外处理中华人民共和国境内自然人个人信息的活动，有下列情形之一的，也适用本法：

（一）以向境内自然人提供产品或者服务为目的；

（二）分析、评估境内自然人的行为；

（三）法律、行政法规规定的其他情形。

第四条 个人信息是以电子或者其他方式记录的与已识别或者可识别的自然人有关的各种信息，不包括匿名化处理后的信息。

个人信息的处理包括个人信息的收集、存储、使用、加工、传输、提供、公开、删除等。

第五条 处理个人信息应当遵循合法、正当、必要和诚信原则，不得通过误导、欺诈、胁迫等方式处理个人信息。

第六条 处理个人信息应当具有明确、合理的目的，并应当与处理目的直接相关，采取对个人权益影响最小的方式。

收集个人信息，应当限于实现处理目的的最小范围，不得过度收集个人信息。

第七条 处理个人信息应当遵循公开、透明原则，公开个人信息处理规则，明示处理的目的、方式和范围。

第八条 处理个人信息应当保证个人信息的质量，避免因个人信息不准确、不完整对个人权益造成不利影响。

第九条 个人信息处理者应当对其个人信息处理活动负责，并采取必要措施保障所处理的个人信息的安全。

第十条 任何组织、个人不得非法收集、使用、加工、传输他人个人信息，不得非法买卖、提供或者公开他人个人信息；不得从事危害国家安全、公共利益的个人信息处理活动。

第十一条 国家建立健全个人信息保护制度，预防和惩治侵害个人信息权益的行为，加强个人信息保护宣传教育，推动形成政府、企业、相关社会组织、公众共同参与个人信息保护的良好环境。

第十二条 国家积极参与个人信息保护国际规则的制定，促进个人信息保护方面的国际交流与合作，推动与其他国家、地区、国际组织之间的个人信息保护规则、标准等互认。

第二章 个人信息处理规则

第一节 一般规定

第十三条 符合下列情形之一的，个人信息处理者方可处理个人信息：

（一）取得个人的同意；

（二）为订立、履行个人作为一方当事人的合同所必需，或者按照依法制定的劳动规章制度和依法签订的集体合同实施人力资源管理所必需；

（三）为履行法定职责或者法定义务所必需；

（四）为应对突发公共卫生事件，或者紧急情况下为保护自然人的生命健康和财产安全所必需；

（五）为公共利益实施新闻报道、舆论监督等行为，在合理的范围内处理个人信息；

（六）依照本法规定在合理的范围内处理个人自行公开或者其他已经合法公开的个人信息；

（七）法律、行政法规规定的其他情形。

依照本法其他有关规定，处理个人信息应当取得个人同意，但是有前款第二项至第七项规定情形的，不需取得个人同意。

第十四条 基于个人同意处理个人信息的，该同意应当由个人在充分知情的前提下自愿、明确作出。法律、行政法规规定处理个人信息应当取得个人单独同意或者书面同意的，从其规定。

个人信息的处理目的、处理方式和处理的个人信息种类发生变更的，应当重新取得个人同意。

第十五条　基于个人同意处理个人信息的，个人有权撤回其同意。个人信息处理者应当提供便捷的撤回同意的方式。

个人撤回同意，不影响撤回前基于个人同意已进行的个人信息处理活动的效力。

第十六条　个人信息处理者不得以个人不同意处理其个人信息或者撤回同意为由，拒绝提供产品或者服务；处理个人信息属于提供产品或者服务所必需的除外。

第十七条　个人信息处理者在处理个人信息前，应当以显著方式、清晰易懂的语言真实、准确、完整地向个人告知下列事项：

（一）个人信息处理者的名称或者姓名和联系方式；

（二）个人信息的处理目的、处理方式，处理的个人信息种类、保存期限；

（三）个人行使本法规定权利的方式和程序；

（四）法律、行政法规规定应当告知的其他事项。

前款规定事项发生变更的，应当将变更部分告知个人。

个人信息处理者通过制定个人信息处理规则的方式告知第一款规定事项的，处理规则应当公开，并且便于查阅和保存。

第十八条　个人信息处理者处理个人信息，有法律、行政法规规定应当保密或者不需要告知的情形的，可以不向个人告知前条第一款规定的事项。

紧急情况下为保护自然人的生命健康和财产安全无法及时向个人告知的，个人信息处理者应当在紧急情况消除后及时告知。

第十九条　除法律、行政法规另有规定外，个人信息的保存期限应当为实现处理目的所必要的最短时间。

第二十条　两个以上的个人信息处理者共同决定个人信息的处理目的和处理方式的，应当约定各自的权利和义务。但是，该约定不影响个人向其中任何一个个人信息处理者要求行使本法规定的权利。

个人信息处理者共同处理个人信息，侵害个人信息权益造成损害的，应当依法承担连带责任。

第二十一条　个人信息处理者委托处理个人信息的，应当与受托人约定委托处理的目的、期限、处理方式、个人信息的种类、保护措施以及双方的权利和义务等，并对受托人的个人信息处理活动进行监督。

受托人应当按照约定处理个人信息，不得超出约定的处理目的、处理方式等处理个人信息；委托合同不生效、无效、被撤销或者终止的，受托人应当将个人信息返还个人信息处理者或者予以删除，不得保留。

未经个人信息处理者同意，受托人不得转委托他人处理个人信息。

第二十二条　个人信息处理者因合并、分立、解散、被宣告破产等原因需要转移个人信息的，应当向个人告知接收方的名称或者姓名和联系方式。接收方应当继续履行个人信息处理者的义务。接收方变更原先的处理目的、处理方式的，应当依照本法规定重新取得个人同意。

第二十三条　个人信息处理者向其他个人信息处理者提供其处理的个人信息的，应当向个人告知接收方的名称或者姓名、联系方式、处理目的、处理方式和个人信息的种类，并取得个人的单独同意。接收方应当在上述处理目的、处理方式和个人信息的种类等范围内处理个人信息。接收方变更原先的处理目的、处理方式的，应当依照本法规定重新取得个人同意。

第二十四条　个人信息处理者利用个人信息进行自动化决策，应当保证决策的透明度和结果公平、公正，不得对个人在交易价格等交易条件上实行不合理的差别待遇。

通过自动化决策方式向个人进行信息推送、商业营销，应当同时提供不针对其个人特征的选项，或者向个人提供便捷的拒绝方式。

通过自动化决策方式作出对个人权益有重大影响的决定，个人有权要求个人信息处理者予以说明，并有权拒绝个人信息处理者仅通过自动化决策的方式作出决定。

第二十五条　个人信息处理者不得公开其处理的个人信息，取得个人单独同意的除外。

第二十六条　在公共场所安装图像采集、个人身份识别设备，应当为维护公共安全所必需，遵守国家有关规定，并设置显著的提示标识。所收集的个人图像、身份识别信息只能用于维护公共安全的目的，不得用于其他目的；取得个人单独同意的除外。

第二十七条　个人信息处理者可以在合理的范围内处理个人自行公开或者其他已经合法公开的个人信息；个人明确拒绝的除外。个人信息处理者处理已公开的个人信息，对个人权益有重大影响的，应当依照本法规定取得个人同意。

第二节　敏感个人信息的处理规则

第二十八条　敏感个人信息是一旦泄露或者非法使用，容易导致自然人的人格尊严受到侵害或者人身、财产安全受到危害的个人信息，包括生物识别、宗教信仰、特定身份、医疗健康、金融账户、行踪轨迹等信息，以及不满十四周岁未成年人的个人信息。

只有在具有特定的目的和充分的必要性，并采取严格保护措施的情形下，个人信息处理者方可处理敏感个人信息。

第二十九条　处理敏感个人信息应当取得个人的单独同意；法律、行政法规规定处理敏感个人信息应当取得书面同意的，从其规定。

第三十条　个人信息处理者处理敏感个人信息的，除本法第十七条第一款规定的事项外，还应当向个人告知处理敏感个人信息的必要性以及对个人权益的影响；依照本法规定可以不向个人告知的除外。

第三十一条　个人信息处理者处理不满十四周岁未成年人个人信息的，应当取得未成年人的父母或者其他监护人的同意。

个人信息处理者处理不满十四周岁未成年人个人信息的，应当制定专门的个人信息处理规则。

第三十二条　法律、行政法规对处理敏感个人信息规定应当取得相关行政许可或者作出其他限制的，从其规定。

第三节　国家机关处理个人信息的特别规定

第三十三条　国家机关处理个人信息的活动，适用本法；本节有特别规定的，适用本节规定。

第三十四条　国家机关为履行法定职责处理个人信息，应当依照法律、行政法规规定的权限、程序进行，不得超出履行法定职责所必需的范围和限度。

第三十五条　国家机关为履行法定职责处理个人信息，应当依照本法规定履行告知义务；有本法第十八条第一款规定的情形，或者告知将妨碍国家机关履行法定职责的除外。

第三十六条　国家机关处理的个人信息应当在中华人民共和国境内存储；确需向境外提供的，应当进行安全评估。安全评估可以要求有关部门提供支持与协助。

第三十七条　法律、法规授权的具有管理公共事务职能的组织为履行法定职责处理个人信息，适用本法关于国家机关处理个人信息的规定。

第三章　个人信息跨境提供的规则

第三十八条　个人信息处理者因业务等需要，确需向中华人民共和国境外提供个人信息的，应当具备下列条件之一：

（一）依照本法第四十条的规定通过国家网信部门组织的安全评估；

（二）按照国家网信部门的规定经专业机构进行个人信息保护认证；

（三）按照国家网信部门制定的标准合同与境外接收方订立合同，约定双方的权利和义务；

（四）法律、行政法规或者国家网信部门规定的其他条件。

中华人民共和国缔结或者参加的国际条约、协定对向中华人民共和国境外提供个人信息的条件等有规定的，可以按照其规定执行。

个人信息处理者应当采取必要措施，保障境外接收方处理个人信息的活动达到本法规定的个人信息保护标准。

第三十九条　个人信息处理者向中华人民共和国境外提供个人信息的，应当向个人告知境外接收方的名称或者姓名、联系方式、处理目的、处理方式、个人信息的种类以及个人向境外接收方行使本法规定权利的方式和程序等事项，并取得个人的单独同意。

第四十条　关键信息基础设施运营者和处理个人信息达到国家网信部门规定数量的个人信息处理者，应当将在中华人民共和国境内收集和产生的个人信息存储在境内。确需向境外提供的，应当通过国家网信部门组织的安全评估；法律、行政法规和国家网信部门规定可以不进行安全评估的，从其规定。

第四十一条　中华人民共和国主管机关根据有关法律和中华人民共和国缔结或者参加的国际条约、协定，或者按照平等互惠原则，处理外国司法或者执法机构关于提供存储于境内个人信息的请求。非经中华人民共和国主管机关批准，个人信息处理者不得向外国司法或者执法机构提供存储于中华人民共和国境内的个人信息。

第四十二条　境外的组织、个人从事侵害中华人民共和国公民的个人信息权益，或者危害中华人民共和国国家安全、公共利益的个人信息处理活动的，国家网信部门可以将其列入限制或者禁止个人信息提供清单，予以公告，并采取限制或者禁止向其提供个人信息等措施。

第四十三条　任何国家或者地区在个人信息保护方面对中华人民共和国采取歧视性的禁止、限制或者其他类似措施的，中华人民共和国可以根据实际情况对该国家或者地区对等采取措施。

第四章　个人在个人信息处理活动中的权利

第四十四条　个人对其个人信息的处理享有知情权、决定权，有权限制或者拒绝他人对其个人信息进行处理；法律、行政法规另有规定的除外。

第四十五条 个人有权向个人信息处理者查阅、复制其个人信息；有本法第十八条第一款、第三十五条规定情形的除外。

个人请求查阅、复制其个人信息的，个人信息处理者应当及时提供。

个人请求将个人信息转移至其指定的个人信息处理者，符合国家网信部门规定条件的，个人信息处理者应当提供转移的途径。

第四十六条 个人发现其个人信息不准确或者不完整的，有权请求个人信息处理者更正、补充。

个人请求更正、补充其个人信息的，个人信息处理者应当对其个人信息予以核实，并及时更正、补充。

第四十七条 有下列情形之一的，个人信息处理者应当主动删除个人信息；个人信息处理者未删除的，个人有权请求删除：

（一）处理目的已实现、无法实现或者为实现处理目的不再必要；

（二）个人信息处理者停止提供产品或者服务，或者保存期限已届满；

（三）个人撤回同意；

（四）个人信息处理者违反法律、行政法规或者违反约定处理个人信息；

（五）法律、行政法规规定的其他情形。

法律、行政法规规定的保存期限未届满，或者删除个人信息从技术上难以实现的，个人信息处理者应当停止除存储和采取必要的安全保护措施之外的处理。

第四十八条 个人有权要求个人信息处理者对其个人信息处理规则进行解释说明。

第四十九条 自然人死亡的，其近亲属为了自身的合法、正当利益，可以对死者的相关个人信息行使本章规定的查阅、复制、更正、删除等权利；死者生前另有安排的除外。

第五十条 个人信息处理者应当建立便捷的个人行使权利的申请受理和处理机制。拒绝个人行使权利的请求的，应当说明理由。

个人信息处理者拒绝个人行使权利的请求的，个人可以依法向人民法院提起诉讼。

第五章　个人信息处理者的义务

第五十一条　个人信息处理者应当根据个人信息的处理目的、处理方式、个人信息的种类以及对个人权益的影响、可能存在的安全风险等，采取下列措施确保个人信息处理活动符合法律、行政法规的规定，并防止未经授权的访问以及个人信息泄露、篡改、丢失：

（一）制定内部管理制度和操作规程；

（二）对个人信息实行分类管理；

（三）采取相应的加密、去标识化等安全技术措施；

（四）合理确定个人信息处理的操作权限，并定期对从业人员进行安全教育和培训；

（五）制定并组织实施个人信息安全事件应急预案；

（六）法律、行政法规规定的其他措施。

第五十二条　处理个人信息达到国家网信部门规定数量的个人信息处理者应当指定个人信息保护负责人，负责对个人信息处理活动以及采取的保护措施等进行监督。

个人信息处理者应当公开个人信息保护负责人的联系方式，并将个人信息保护负责人的姓名、联系方式等报送履行个人信息保护职责的部门。

第五十三条　本法第三条第二款规定的中华人民共和国境外的个人信息处理者，应当在中华人民共和国境内设立专门机构或者指定代表，负责处理个人信息保护相关事务，并将有关机构的名称或者代表的姓名、联系方式等报送履行个人信息保护职责的部门。

第五十四条　个人信息处理者应当定期对其处理个人信息遵守法律、行政法规的情况进行合规审计。

第五十五条　有下列情形之一的，个人信息处理者应当事前进行个人信息保护影响评估，并对处理情况进行记录：

（一）处理敏感个人信息；

（二）利用个人信息进行自动化决策；

（三）委托处理个人信息、向其他个人信息处理者提供个人信息、公开个人信息；

（四）向境外提供个人信息；

（五）其他对个人权益有重大影响的个人信息处理活动。

第五十六条　个人信息保护影响评估应当包括下列内容：

（一）个人信息的处理目的、处理方式等是否合法、正当、必要；

（二）对个人权益的影响及安全风险；

（三）所采取的保护措施是否合法、有效并与风险程度相适应。

个人信息保护影响评估报告和处理情况记录应当至少保存三年。

第五十七条　发生或者可能发生个人信息泄露、篡改、丢失的，个人信息处理者应当立即采取补救措施，并通知履行个人信息保护职责的部门和个人。通知应当包括下列事项：

（一）发生或者可能发生个人信息泄露、篡改、丢失的信息种类、原因和可能造成的危害；

（二）个人信息处理者采取的补救措施和个人可以采取的减轻危害的措施；

（三）个人信息处理者的联系方式。

个人信息处理者采取措施能够有效避免信息泄露、篡改、丢失造成危害的，个人信息处理者可以不通知个人；履行个人信息保护职责的部门认为可能造成危害的，有权要求个人信息处理者通知个人。

第五十八条　提供重要互联网平台服务、用户数量巨大、业务类型复杂的个人信息处理者，应当履行下列义务：

（一）按照国家规定建立健全个人信息保护合规制度体系，成立主要由外部成员组成的独立机构对个人信息保护情况进行监督；

（二）遵循公开、公平、公正的原则，制定平台规则，明确平台内产品或者服务提供者处理个人信息的规范和保护个人信息的义务;

（三）对严重违反法律、行政法规处理个人信息的平台内的产品或者服务提供者，停止提供服务;

（四）定期发布个人信息保护社会责任报告，接受社会监督。

第五十九条　接受委托处理个人信息的受托人，应当依照本法和有关法律、行政法规的规定，采取必要措施保障所处理的个人信息的安全，并协助个人信息处理者履行本法规定的义务。

第六章　履行个人信息保护职责的部门

第六十条国家网信部门负责统筹协调个人信息保护工作和相关监督管理工作。国务院有关部门依照本法和有关法律、行政法规的规定，在各自职责范围内负责个人信息保护和监督管理工作。

县级以上地方人民政府有关部门的个人信息保护和监督管理职责，按照国家有关规定确定。

前两款规定的部门统称为履行个人信息保护职责的部门。

第六十一条　履行个人信息保护职责的部门履行下列个人信息保护职责:

（一）开展个人信息保护宣传教育，指导、监督个人信息处理者开展个人信息保护工作;

（二）接受、处理与个人信息保护有关的投诉、举报;

（三）组织对应用程序等个人信息保护情况进行测评，并公布测评结果;

（四）调查、处理违法个人信息处理活动;

（五）法律、行政法规规定的其他职责。

第六十二条　国家网信部门统筹协调有关部门依据本法推进下列个人信息保护工作:

（一）制定个人信息保护具体规则、标准;

（二）针对小型个人信息处理者、处理敏感个人信息以及人脸识别、人工智能等新技术、新应用，制定专门的个人信息保护规则、标准；

（三）支持研究开发和推广应用安全、方便的电子身份认证技术，推进网络身份认证公共服务建设；

（四）推进个人信息保护社会化服务体系建设，支持有关机构开展个人信息保护评估、认证服务；

（五）完善个人信息保护投诉、举报工作机制。

第六十三条　履行个人信息保护职责的部门履行个人信息保护职责，可以采取下列措施：

（一）询问有关当事人，调查与个人信息处理活动有关的情况；

（二）查阅、复制当事人与个人信息处理活动有关的合同、记录、账簿以及其他有关资料；

（三）实施现场检查，对涉嫌违法的个人信息处理活动进行调查；

（四）检查与个人信息处理活动有关的设备、物品；对有证据证明是用于违法个人信息处理活动的设备、物品，向本部门主要负责人书面报告并经批准，可以查封或者扣押。

履行个人信息保护职责的部门依法履行职责，当事人应当予以协助、配合，不得拒绝、阻挠。

第六十四条　履行个人信息保护职责的部门在履行职责中，发现个人信息处理活动存在较大风险或者发生个人信息安全事件的，可以按照规定的权限和程序对该个人信息处理者的法定代表人或者主要负责人进行约谈，或者要求个人信息处理者委托专业机构对其个人信息处理活动进行合规审计。个人信息处理者应当按照要求采取措施，进行整改，消除隐患。

履行个人信息保护职责的部门在履行职责中，发现违法处理个人信息涉嫌犯罪的，应当及时移送公安机关依法处理。

第六十五条　任何组织、个人有权对违法个人信息处理活动向履行个人信息保护职责的部门进行投诉、举报。收到投诉、举报的部门应当依法及时处理，并将处理结果告知投诉、举报人。

履行个人信息保护职责的部门应当公布接受投诉、举报的联系方式。

第七章　法律责任

第六十六条　违反本法规定处理个人信息,或者处理个人信息未履行本法规定的个人信息保护义务的,由履行个人信息保护职责的部门责令改正,给予警告,没收违法所得,对违法处理个人信息的应用程序,责令暂停或者终止提供服务;拒不改正的,并处一百万元以下罚款;对直接负责的主管人员和其他直接责任人员处一万元以上十万元以下罚款。

有前款规定的违法行为,情节严重的,由省级以上履行个人信息保护职责的部门责令改正,没收违法所得,并处五千万元以下或者上一年度营业额百分之五以下罚款,并可以责令暂停相关业务或者停业整顿、通报有关主管部门吊销相关业务许可或者吊销营业执照;对直接负责的主管人员和其他直接责任人员处十万元以上一百万元以下罚款,并可以决定禁止其在一定期限内担任相关企业的董事、监事、高级管理人员和个人信息保护负责人。

第六十七条　有本法规定的违法行为的,依照有关法律、行政法规的规定记入信用档案,并予以公示。

第六十八条　国家机关不履行本法规定的个人信息保护义务的,由其上级机关或者履行个人信息保护职责的部门责令改正;对直接负责的主管人员和其他直接责任人员依法给予处分。

履行个人信息保护职责的部门的工作人员玩忽职守、滥用职权、徇私舞弊,尚不构成犯罪的,依法给予处分。

第六十九条　处理个人信息侵害个人信息权益造成损害,个人信息处理者不能证明自己没有过错的,应当承担损害赔偿等侵权责任。

前款规定的损害赔偿责任按照个人因此受到的损失或者个人信息处理者因此获得的利益确定;个人因此受到的损失和个人信息处理者因此获得的利益难以确定的,根据实际情况确定赔偿数额。

第七十条　个人信息处理者违反本法规定处理个人信息,侵害众多个人的权益的，人民检察院、法律规定的消费者组织和由国家网信部门确定的组织可以依法向人民法院提起诉讼。

第七十一条　违反本法规定，构成违反治安管理行为的，依法给予治安管理处罚；构成犯罪的，依法追究刑事责任。

第八章　附　　则

第七十二条　自然人因个人或者家庭事务处理个人信息的，不适用本法。

法律对各级人民政府及其有关部门组织实施的统计、档案管理活动中的个人信息处理有规定的，适用其规定。

第七十三条　本法下列用语的含义：

（一）个人信息处理者，是指在个人信息处理活动中自主决定处理目的、处理方式的组织、个人。

（二）自动化决策，是指通过计算机程序自动分析、评估个人的行为习惯、兴趣爱好或者经济、健康、信用状况等，并进行决策的活动。

（三）去标识化，是指个人信息经过处理，使其在不借助额外信息的情况下无法识别特定自然人的过程。

（四）匿名化，是指个人信息经过处理无法识别特定自然人且不能复原的过程。

第七十四条　本法自 2021 年 11 月 1 日起施行。

图书在版编目(CIP)数据

个人信息保护法与日常生活/何渊主编.—上海：
上海人民出版社,2021
ISBN 978 - 7 - 208 - 17295 - 1

Ⅰ.①个… Ⅱ.①何… Ⅲ.①个人信息-法律保护-
中国-通俗读物 Ⅳ.①D922.704

中国版本图书馆 CIP 数据核字(2021)第 173437 号

责任编辑 冯 静
封面设计 一本好书
插图绘制 于晓洁

个人信息保护法与日常生活
何 渊 主编

出 版 上海人民出版社
      (200001 上海福建中路 193 号)
发 行 上海人民出版社发行中心
印 刷 上海商务联西印刷有限公司
开 本 635×965 1/16
印 张 11
插 页 8
字 数 150,000
版 次 2021 年 10 月第 1 版
印 次 2021 年 10 月第 1 次印刷
ISBN 978 - 7 - 208 - 17295 - 1/D·3818
定 价 48.00 元

"人工智能与法治"书目

一、"独角兽·人工智能"系列

第一辑《机器人是人吗？》
　　　《谁为机器人的行为负责？》
　　　《人工智能与法律的对话》
第二辑《机器人的话语权》
　　　《审判机器人》
　　　《批判区块链》
第三辑《数据的边界：隐私与个人数据保护》
　　　《驯服算法：数字歧视与算法规制》
　　　《人工智能与法律的对话 2》
第四辑《理性机器人：人工智能未来法治图景》
　　　《数据交易：法律·政策·工具》
　　　《人工智能与法律的对话 3》

二、"独角兽·未来法治"系列

　　　《人工智能：刑法的时代挑战》
　　　《人工智能时代的刑法观》
　　　《区块链治理：原理与场景》
　　　《权力之治：人工智能时代的算法规制》
　　　《数字货币与日常生活》
　　　《个人信息保护法与日常生活》
　　　《网络平台治理：规则的自创生及其运作边界》

三、"独角兽·区块链"系列

　　　《人工智能治理与区块链革命》
　　　《区块链与大众之治》
　　　《链之以法：区块链值得信任吗？》

阅读，不止于法律，更多精彩书讯，敬请关注：

微信公众号　　　微博号　　　视频号